법륜·열다섯

불교의 초석

사성제

프란시스 스토리 지음 ｜ 재연 스님 옮김

KB218729

고요한소리

Foundations of Buddhism
The Four Noble Truths

FRANCIS STORY
The Anagarika Sugatananda

The Wheel Publication No.34/35
Buddhist Publication Society
Kandy, Sri Lanka, 1982

차 례

불교의 초석, 사성제四聖諦 ———————————————— 7

'고'라는 성스러운 진리[苦聖諦] ———————————————— 31

'고의 집기'라는 성스러운 진리[集聖諦] ———————————— 60

'고의 멸'이라는 성스러운 진리[滅聖諦] ———————————— 93

'고의 멸에 이르는 길'이라는 성스러운 진리[道聖諦] ——— 110

저자 소개 ———————————————————————————— 131

걸어서는 그대 세상 끝에 이르지 못하리.

거기 도달하지 못하면 고통에서도 벗어나지 못하리.

그러나 지혜가 깊어

세상을 바르게 보는 이 ─ 그에게 그 끝은 발견되리.

고결하게 살아온 그는 알게 되리.

청정한 마음으로, 돌아치는 세상의 끝남을.

이 세상도 저 세상도 가려 들지 않는다네.

《상응부》 I 권 62쪽[1]

---

1 [역주] 이 게송은 부처님께서 로히따싸라는 젊은 천신에게 읊어주신 것
인데 이 천신은 전생에 하늘을 날 수 있는 신통을 얻어 생·노·사의 전변
轉變, 재생이 없는 곳이 세상 끝에 있으리라 생각하고 평생을 '걷고 또
걸었으나' 소용없었음을 부처님께 아뢰자 그 대답으로 주신 것이다.

불교의 초석
사성제四聖諦

　존재란 무엇인가? 인류는 이 수수께끼 같은 문제의 해답을 찾아 장구한 시간 동안 깊은 사색과 논쟁을 번갈아 해왔다. 정작 이 문제가 지적 능력 하나만으로 해결될 수 있는 일이었다면 우리는 우리 현 존재의 분명한 청사진을 벌써 수세기도 전에 아무 의심도 억측도 필요 없을 만큼 확실하게 완성해냈을 것이다. 인류를 대표한다고 할 만한 최고의 두뇌들이 이 문제를 놓고 얼마나 씨름을 해왔던가. 선사시대의 신화가 우주에 대한 합리적 설명으로 바뀌기 시작한 그 시점부터 '생명이란 무엇인가? 어떻게 생겨난 것인가? 과연 목적이 있는 것인가? 있다면 그것은 무엇인가?' 등등의 의문이 인간의 상상력을 사로잡아왔다. 그럼에도 대부분의 사람들에게 이런 문제들은 여전히 미궁인 채 남아있다. 이성은 독창적인 해답을 널리 제시하여 엘레아학파[2]의 사변으로부터 현대의 좀 더 세련된 부수현상설[3]에까지 이르게 되었지만 나름대로 합리적인 설명을 제시하면 그에 못지않게 합리적인 반론이 대두되는 상황을 여전히 타개해내지 못하고 있다. 이렇게 이성이 실패를 거듭하고 있는 동안 한편으로 이성의 대안으로 제시된 초자연적 계시도 똑같이 모순되며 결론에 이르지 못하는 모습만 드러내어 오히려 더 참담한 패배를 맛보아 왔다. 뿐만 아니라 그 계시가 가끔 인간사에 끼친 재앙 때문에 그에 대한 역사의 기록은 매우 부정적일 수밖에 없었다. 또 신비주의자들의 비밀스런 계시는 배타적 주관성 때문에 신비 체험을 직접 공유하지 못하는 사람들에게는 불안정한 신앙의 발판 이상을 제공하지 못한다. 근거가 확실하지 못할수록 믿음은 광신주의로 발전하기 쉽다.

---

2 [역주] 엘레아학파: 고대 그리스의 철학의 일파(서기 전 6~5세기). 일원론을 주장. 존재하는 것 '유'는 생성도 소멸도 없으며 유일의 부동무종不動無終한 것으로 영원의 현재이며, 분할될 수 없는 것으로 자족·원만하고 정교한 구球에 비유하면서, 감각이 받아들이는 모든 변화나 차이는 잘못 본 것에 불과하다고 주장.

3 [역주] 부수현상설: 물심 이원론을 전제하되 의식 또는 심적 현상은 뇌와 신경계의 물리적 활동의 부산물로 간주하며 행동에는 영향을 주지 못한다고 함. 물과 심의 관계를 사람과 그 그림자의 관계로 봄.

여러 세기를 걸쳐 내려온 인류의 사변적 사유의 기록은 광막한 사막에 남아있는 혼돈스러운 발자취들을 방불케 한다. 이 발자취들은 특성별로 식별이 가능하다. 거기에는 종교의 자취, 철학의 자취. 그리고 이들 자취들을 거의 지워버리는 훨씬 새로운 과학의 발자취들이 있다. 대체적으로 종교의 자취들은 원을 그리며 돌고 있다. 신화로 시작되어서는 신화적 성격을 계속 굳혀나가다 마침내 독단적 교의로 굳어진다. 그래서 이들 발자국들은 같은 장소에서 끝없이 맴돌고 있다. 이에 반해 지향 없이 내닫는 발걸음들이 남긴 자국들도 보인다. 새 이론, 새 발견, 새 접촉에 따라 마치 바람처럼 이리저리 진로를 바꾸고 있다. 이들은 바로 철학의 발자취, 인간의 들뜬, 탐구하는 마음이 남긴 자국들이다. 용기와 모험심이 없지 않는데도 이 마음은 오로지 빛바랜 소재만 붙들고 씨름하고 있다. 도저히 양립될 수 없는 것들을 어떻게든 조화시켜 보려고 개념들을 끝없이 순열 조합해보았지만 항상 목적을 이루지 못하고 만다. 마침내 이들 발자취들과 겹치면서 과학적 사유의 발자국들이 나타난다. 이 새 발자국들은 철학의 영역을 점점 더 넓게 잠식해 들어가고 있고 동시에 궁극적 쟁점 내지는 가치와 목적의 문제에 대한 관심을 꺾어 버리고 있다. 한편 철학 및 종교의 옛 발자취들은 빈번히 교차하는데 그들이 마주치는 곳에는 으레 난투가 벌어졌던 흔적이 남아있다. 역사의 사막에는 핏자국이 도처에 너무도 많이 널려 있다.

인간이 추상적 사유를 할 수 있는 동물로 출현한 이래 걸어온 자취가 줄곧 이와 같았다. 그러나 이제 우리는 과학적 지식 앞에 초자연주의가 거의 완벽하게 굴복해버리고 그래서 문제에 대한 접근방식도 어떻게든 달라진 새 국면에 들어섰다. 그렇지만 과학이 우리를 문제 해결 쪽으로 더 다가서게 해준 것은 아니다. 사유의 발자취들은 여전히 막연한 채 신비로 시작해서 물음표로 끝나고 있는 형편이다. 오늘날의 지식세계는 물리적 우주나 생명 유기체의 구조에 관해 일찍이 없었던 방대한 지식을 쌓게 된 결과, 철학자들에게 참작할 만한 새 소재 보따리를 많이 제공해주었다. 하지만 아직은 그들에게 감당할 수 없으리만큼 너무 많은 심적 부담만 떠맡긴 결과밖에 안 되고 있다. 전체 그림을 명확하게 해주기는커녕 잡다한 그림으로

화면만 어지럽혀놓은 꼴이다. 다양한 전문 지식 분야들을 상호 연계시키는 일만 해도 힘든 과업인데다 각 분과들이 안고 있는 불확실한 부분들 때문에 문제는 더욱 복잡해진다. 비전문가로서는 과학 분야의 어디서부터가 학설의 영역이고 어디까지가 확인된 사실인지 분간하기가 여간 어렵지 않다. 특히 유전학, 생화학과 같이 우리의 생명과정과 관련되고 그래서 당장 궁금증을 일으키게 마련인 분야에서 특히 사정이 그러하다.

이밖에도 과학이 제공하는 사실들이 상반되는 결론을 향하고 있는 듯이 보이는 경우도 가끔 있다. 물리학 분야에서 커다란 진전이 이루어졌는데도 아직도 전문용어들은 완전히 이해되지 않은 요소들, 심지어 제대로 개념 규정도 되지 않은 요소들을 안은 채 널리 쓰이고 있다. 한 예로 다음의 문장을 보라. '우주의 근본구조를 이루는 어떤 방사선들이 있는데 이들은 파동으로도 입자로도 나타난다. 논리적으로는 이들이 동시에 같이 있을 수는 없는 노릇인데도 말이다.' 이 낯익은 '동시에'라는 표현이 지금도 어떤 의미를 가질 수 있는 것일까. 오늘날 과학은 이 우주에서 어떤 사건도 전적으로 동시적이라 말하기는 어렵다는 점을 밝히고 있고 또 실제로 수천광년의 먼 거리에서 바라본 별의 영상이 인류가 이 지구상에 나타나기도 전에 이미 공간 속에 존재하기를 그쳐버린 그 무엇의 도깨비불 이상 아무것도 아닐지 모르게 된 지금 그 용어들의 뜻은 매우 불분명해진다. 지식은 확장될수록 우리를 경험적 사실이 주는 분명한 안전감으로부터 유리시켜 표류하게끔 만드는 경향이 있다. 그러다보니 사유 그 자체의 본질부터가 여러 각도에서 문제시되지 않을 수 없게 된다.

모든 관련 자료를 전자두뇌에 입력시킴으로써 여러 세대에 걸쳐 인간을 괴롭혀온 의문들에 대해 최종적인 해답을 곧 얻게 되리라는 희망을 품고 있는 사람들도 있다. 그러나 이런 희망은 두 가지 무리한 가정을 발판으로 삼고 있다. 첫째로 언젠가는 필요한 자료를 '모두' 확보할 수 있으리라는 가정, 둘째로는 인간이 인간을 능가하는 기계를 만들어낼 수 있으리라는 가정이다. 그러나 아직까지는 가장 발전된 전자계산기라도 계산 분야에서 인간두뇌를 뛰어넘지 못한다. 다만 좀 더 빨리 계산해낼 뿐이다. 그렇지만 계산에서도 계산기가 새로 더 보태준 것은 없다. 계산기와 똑같은 속도와 정확도로 세제곱근을 구할 수 있는 비상한 두뇌들도 있기 때문이다. 우리가 새로운, 근본적으로 다른 사고방식을 필요로 한다면 전자기계에 기댈 일이 아니라 다른 길을 찾아야 할 것이다.

그렇다면 궁극적인 것들에 대해서는 지금 우리가 알고 있는 것 이상은 알 길이 없다는 말인가? 현재로선 과학이 접근해 가고 있는 결론은 옛 신념들에 관한 한 대체로 부정적이다. 그 결론은 우리에게 더 이상 믿을 수 없는 것이 무엇들인지를 얘기해 준다. 그러면서도 대안은 제시해주지 못하고 있으며 적극적 추론을 위한 실마리도 마련해주지 못하고 있는 형편이다. 오히려 지금 과학이 진실 탐구를 위해 크게 기여하고 있는 면은 사실에 관한 지식을 보태주는 데 있다기보다는 새로운 연구 방법을 전수해 준다는 점일 것이다. 확보된 사실들을 다루어 나가는 사용 능력을 키워주고 있다는 점이다. 이런 과학의 방법은, 영감적 발상에 의지해서 이론을 추구하던 종래의 방식보다 더 생산적이다. 경험에서 얻은 자료를, 그것이 비록 한정된 것일지라도, 이를 살려 미지의 영역을 향한 출발점으로 삼는 능력 또 소량의 관찰된 사실로부터 어떻게 보편적 원칙을 추론해 낼 수 있는지 그 방법을 제시해 주고 있는 것이다. 뿐만 아니라 과학의 방법론이 안고 있는 또 하나의 중요한 면은 관찰한 현상과 배치되면 기존 이론이 아무리 중요하고 또 여태껏 믿어마지 않던 것일지라도 서슴없이 내던져버리는 자세를 보여 준다는 점이다. 이와 같은 과학의 인습타파 기능은 가장 중요한 진실을 암시한다. 다시 말해 '실재'를 탐구함에 있어 제일 중요한 일은 사실들을 수집하고 일람표를 만드는 일이 아니라 그 사실들을 있는 그대로의 상호연관 관계 속에서 이해하는 일이며 또 그러기 위한 사전 준비로서 지금까지 우리가 받아들였던 관념들을 벗어던져버리는 일이다. 우리의 경험에서 군더더기를 완전히 발겨내 뼈만 남기는 일, 가장 근본적이고 보편적 성질의 경험의 골수만 남기고 나머지는 벗어던지는 일이다. 과학은 분명 이론에 입각해서 전개·발전하는 것이 사실이다. 그러나 그 이론이 효력을 상실한 때에는 언제든 내버릴 준비가 되어 있다. 과학은 골라낸 재료를 가지고 모델 우주를 짓지 않는다.

과학의 이 방법론, 자연계에 대한 우리 지식의 소산이라고 감히 주장할 수 있는 그 모든 것이 기실 이 방법론 덕분인데, 이것은 우리의 이해를 직접적인 감각성 지각의 세계 너머로까지 확대해 나가는 데에도 역시 유일하게 이로운 길이 될 것이다. 심리학의 여러 분야에서는 이미 그런 쪽으로 가닥을 잡고 그 영역을 넓힐 수 있는 가능성을 모색하고 있다. 즉 외적 현상세계가 인간의 전체경험에서 차지하는 비중은 일부분에 불과하며 더구나 가장 중요한 것이라고 할 수 없다는 당연한 진실에 눈뜨는 사람들이 늘어나고 있는 것이다. 우주의 객관적 외양에 대한 정밀한 조사 못지않게 우리 내면에서 벌어지는 일, 즉 우리의 심리적 반응과 동기의 내면적 과정 그리고 직관 수준에서의 마음에 대해서도 분석적 탐구가 이루어져 가고 있다. 비로소 과학자들이 의식세계와 무의식세계의 정신 작용과정을 진지하게 연구하게 된 것이다. 동시에 그들은 텔레파시, 투시, 전생기억 등 기존과학으로는 설명할 수 없었던 소위 초정상超正常적 마음상태의 여러 양상에 대해서도 똑같이 관심을 보이고 있다. 이런 경향으로 나아가다 보면 언젠가는 존재의 문제에 관해 전혀 새로운 접근이 이루어질는지도 모른다.

　새로운 접근이라 했지만 이는 어디까지나 서양을 염두에 두고 한 말일 뿐이다. 정작 정신과학에서 또는 철학에서도 새롭다고 할 것은 아무 것도 없다. 앞에서 우리가 더듬던 모래사장의 발자취 이야기로 돌아가 보면 인도에서는 서기 전 600년도 훨씬 이전에 이미 사변적 사유가 극도로 복잡한 단계에 이르렀던 사실을 볼 수 있다. 거기서 우리는 낯익은 신비주의 대對 합리주의의 논쟁, 경험주의·실용주의·논리실증주의의 여러 주장들 그리고 영구 존속론과 단멸론의 대립적 관점, 그 밖에도 갖가지 절충적 교의敎義들을 볼 수 있고, 후세의 철학자들이 내어놓은 주장들은 예전의 것들에서 한두 가지를 재탕하거나 개조한 것에 불과하다고 말해도 결코 무리가 아님을 알 수 있다. 부처님 시대에 유행했고 그래서 〈범망경〉(《장부長部》 1경)에 소개되어 있는, 이른바 생명과 우주의 본질에 관한 62가지 견해나 이론들을 자세히 검토해 보면 플로티누스에서 키에르케고르에 이르는 서양 철학사에 나타난 모든 관념들의 원형, 즉 후대 사상들의 모든 씨앗을 거기서 찾아

볼 수 있다. 그 중 어떤 것들은 부처님께서 탄생하시기 훨씬 전에 기성학파의 교의로 이미 존재하고 있었다는 사실이 부처님의 구도 경위를 기술한 대목에서 밝혀지고 있다. 세속을 등진 왕자, 고행자 싯닷타가 제일 먼저 찾아간 곳은 이미 구경究竟의 지식을 얻었다고 주장한 수많은 학파 중에서 두 학파의 스승 문하였다고 말씀하시기 때문이다. 그 두 스승, 아알라아라 까알라아마와 웃다까 라아마 뿟따는 논리주의자가 아니라 전형적인 요가 수행자들이었다. 따라서 그들도 나름대로 자기네 철학을 가지고 있었다. 그러나 그 철학의 정당성에 대한 최종적 입증은 형식 논리적 사고의 범위를 벗어나는 주관적 영역, 일종의 강도 높은 인식에서만 구할 수 있는 것이었다. 그들은 실제로 선禪수행, 곧 정신적 몰입을 통해 인간의 의식을 더욱 높은 능력으로 끌어올리는 데 성공하고 있었다.

그들 두 이름난 요가 수행자들이 이룬 성취가 대단한 것이긴 했지만 고행자 고따마가 기대했던 완전한 깨달음을 그들의 체계에서는 찾을 수 없었다. 그 후에 방향을 바꾸어 시도해 본 극단적 고행으로도 목적을 이룰 수 없었다. 이런 경험들을 통해 그가 찾아낸 것은 오히려 지금까지와는 정반대로, 난마와 같이 뒤엉킨 관념세계를 돌파하고 또 한편으로 순화된 식識마저도 극복[4]하기 위해서는 전적으로 새로운 접근 방식이 필요하겠다는 깨달음이었다. 전통적 요가 수행의 방법으로 형상의 세계는 넘어섰으나 그 역시 관념의 세계, 아니 단순한 관념 휴지休止상태의 세계[無色界]를 넘어설 수가 없었다. 이들의 수행체계가 비춰주는 조명도照明度는 절대 지혜·해탈이 밝혀 줄 조명도와는 거리가 멀다는 것을 알게 된 것이다. 자신의 힘을 믿을 수밖에 다른 도리가 없어진 이상 그는 기존 지침에 매달리는 대신 자기 내면에서 새 길을 찾기로 마음먹었다. 그래서 애당초 구도의 불길을 지펴주었던 계기가 무엇이었던가 하고 생각을 더듬어 나아갔다. 그 최초의 발단은 의미심장하게도 어떤 직관적 성질의 경험이었는데 그것은 그의 기억이 미치는 한 가장 초기의 경험에 속하는 것이었다. 어린 왕자였던 그는 그때 아버지 왕이 봄갈

---

4 [역주] 앞의 '관념세계'는 욕계 인간세계의 관념의 희론들을 말하고 뒤의 '순화된 식識'은 무소유처, 비상비비상처 같은 무색정에 의해 이룬 마음상태를 이르는 것으로, 이 역시 지혜에 의한 해탈을 겸하지 못했기 때문에 열반에 이를 수 없는 한계성을 극복할 필요를 느꼈다는 것임.

이 의식의 행사를 치르고 있는 것을 보면서 나무 밑에 앉아 있었다. 그러다가 파헤쳐진 고랑을 따라 새떼들이 몰려드는 모습에 눈이 멎자 이를 유심히 지켜보게 되었다. 그 새떼들은 새로 드러난 고랑을 따라 열심히 벌레를 찾아 땅을 헤집고 있었다. 자연에는 언제나 존재하고 있는, 산 것이라면 피할 수 없는 배고픔, 그 불가항력인 배고픔에 쫓긴 갖가지 새들이 산 먹이를 보고 기가 나서 부리와 발톱으로 무자비하게 쪼고 할퀴고 서로 다투며 싸우고 있었다. 날개 달린 몸뚱이들이 무리를 지어 연출하고 있는 그 소란스럽고 사나운 모습이라니!

　보통 사람들에게는 별다른 의미도 없는 지극히 예사로운 이런 광경이 어린 싯닷타에게는 당혹스러운 경험이었다. 사랑을 주 속성으로 하는 창조주의 권능을 믿는 사람에게도 그런 광경은 역시 당혹스러울 수밖에 없을 것이다. 새, 대자연의 소산 가운데 가장 섬세하고 아름다운 새, 인간이 영적인 존재를 상상할 때면 으레 거기 새들의 날개와 즐거운 아침 노래를 떠올렸던 것처럼 그렇게 밝은 천상의 생명체 같던 새, 시인의 영감이며 자연 애호가의 기쁨이던 바로 그 새가 막상 가까이에서 보니 여느 흉포한 동물들과 다름없이 저보다 작은 생물에게, 심지어는 제 종족들에게조차 탐욕스럽고 잔인하기 그지없는 짐승의 모습을 드러내고 있었다. 이처럼 시각을 조금만 바꾸어도 날개 달린 천사가 곧바로 날개 달린 호랑이로 둔갑해 버리지 않는가.

그것은 어쩔 도리가 없는 일이고 어린 싯닷타도 이를 알고 있었다. 새들도 살아남으려는 본능적 욕구를 충족시키지 않을 수 없고 먹이를 위해서는 다른 생명을 잡아먹고 서로 싸우지 않을 수 없는 노릇이다. 이런 일은 자연에 미만彌滿한 현상이며 너무나 보편적이어서 도무지 예외를 찾기 힘든 일이다. 자연은 도대체가 잔인성과 고통에 무관심할 뿐만 아니라 실로 모든 생물에게 생존의 조건으로 그리고 그 대가로 잔인성과 고통을 부과한다. 괴롭히거나, 괴로움을 당하거나 또는 괴롭히고 당하기 두 가지를 다 함께 하거나, 이것이 생존의 법칙인 것이다.

어린 시절 특유의 직관은 가끔은 기이할 정도로 분명

하고 깊은 것이기도 하지만 그 후 성인이 되면서 거듭 세속살이에 시달리다 보면 대부분의 경우 이런 직관력은 사라지게 된다. 지식이 쌓여 갈수록 직관능력은 퇴보한다. 우리는 어떤 사실에 대해 지식을 얻는다. 하지만 그럴수록 그 사실의 참된 속뜻에 대한 이해와는 멀어져 버린다. 그래서 인간은 원래 자연이 도덕과는 무관하다는 사실은 간과해버리고 자연의 법칙과 선善의 기초가 되는 원칙이 ― 그것을 신이라 부르든 뭐라 부르든 간에 ― 조화될 수 있다는 안이한 믿음에서 윤리체계를 세우고 또 이를 기어코 지속시키고자 안간힘을 쓰게 된다. 그러나 이런 일을 하고 있는 한, 그들은 윤리를 조롱하는 야유소리가 메아리치는 심연 위를 외줄타기 하고 있는 광대나 다를 것이 없다. 깊고 깜깜한 심연을 들여다보면서 거기에서 자애로 충만한 전지전능한 우주의 지배자를 찾아내려 애쓰는 모습이라니, 이 얼마나 딱한 노릇인가. 만일 그가 그 비슷한 어떤 것을 거기서 본다면 그것은 다만 그의 상상력의 소산이며 전승을 통해 그에게 주입된 관념의 반영일 뿐이다. 만일 그가 아무 것도 보지 못한다면 그는 몸의 균형을 잃어버릴 위험에 처한다. 심연에서 전지자의 얼굴을 못 봐도 끄

떡없을 만큼 배짱이 세지 못하다면 차라리 다른 어떤 지점, 자기의 활동범위 내의 어떤 뚜렷한 곳에다 시선을 고정시키고 그러고는 자기내부의 평형기구인 귓속 달팽이관을 믿는 쪽이 더 나을 것이다. 마음에 원래부터 있는 옳고 그름을 분간하는 감각을 그의 의지처로 삼아야 한다는 말이다. 물론 이 감각이 언제나 믿을 수 있는 것은 못되지만 그래도 오늘날 대다수 지적인 사람들에게 남아있는 것이라고는 그것뿐인걸 어쩌랴. 그리고 신학자들을 위해 한마디 하자면, 새들과 계속 좋은 사이를 유지하려면 그 새들의 사생활은 잊어버리고 이상화시킨 통념만 인정하는 것이 좋을 것이다. 천사들에게 날개는 달아주되 부디 부리와 발톱만은 제외시키기를.

이제 대부분의 사색가들에게 신학과 실재의 조화 같은 문제 따위는 존재하지 않는다. 그러나 이런 사실을 직시하고 실존주의자들처럼 용감하게 다음과 같이 말할 수 있는 사람도 별로 없다.

우주는 부조리하다. 우주가 존재해야 한다는 어떤 이

유도 없으니까 — 신이라도 있어서 자신의 영광을 드러내거나 자신의 창조물들을 위한 거처로 쓰이도록 창조해준 것도 아니니 — 또 우주 안에 그 어떤 것도 이행해야 할 특별한 기능을 가지고 있는 것도 아니기 때문이다. 인간은 운명을 좌우할 힘도 특권적 지위도 가지고 있지 않다. 또 그가 생래적으로 갖추고 있는 의식마저도 일체 피조물에 보편한 그 부조리로부터 자신을 구해낼 수 없다.[5]

이런 '불온한 지식'이 사람들 마음 뒷구석에 마치 암처럼 번지면서 안으로 파고들며 계속 사람들의 말과 행동과 믿음 전반에 그 독을 주입하고 있다. 인류가 영적 생활을 상실하게 되면서 그 대용으로 창안해낸 합리주의, 인도주의 그 밖의 모든 대체품들도 낯선 세계 속에서 인간이 느끼는 공허함과 극도의 무력감 앞에서 본질적으로 무의미할 뿐이다. 옛 이집트인들은 죽은 신도 스스럼없이 숭배할 수 있었지만 현대인들은 오로지 삶을 섬길 수 있을 뿐이다.

---

5 필립 토디,《장 폴 사르트르 - 문학적 정치적 연구》(1960)

싯닷타는 자신의 구도에서 가장 중대한 고비점에 봉착하자, 다시 말해 온갖 기존의 수행길을 그 극한까지 가보았지만 평범한 진리들[諸法]을 모두 넘어서는 구경의 진리[諦]를 발견하지 못하게 되자, 그는 어릴 적에 겪었던 어떤 경험과 그 경험이 자신에게 보여주었던 내용을 상기해냈다. 그는 또한 그 경험이 자신을 또 다른 경험에로, 어떤 다른 차원의 의식에로 이끌어주었다는 사실도 역시 기억해냈다. 어린 나이에도 그는 한 가지 문제의 해답을 찾아 자신이라는 존재의 가장 깊은 바닥 층까지 파고들었던 것이다. 왜냐하면 자연에서 지금 목격하고 있는 바가 바로 자신의 처지를 있는 그대로 반영하고 있다는 것, 모든 다른 것들과 똑같이 자기도 살아있는, 감각을 지닌, 한 생명체로서 끊임없이 투쟁하지 않으면 안 되도록 운명 지어져 있다는 것을 본능적으로 알아차렸기 때문이었다. 우리는 각기 자기 운명과 더불어 고립되어 있다. 그렇지만 또 다른 의미에서 각자는 일체의 타자와 깊은 연관을 맺고 있다. 이 세상이라는 신비에 대한 해답을 어디에선가 찾아야 한다면, 그것은 바로 자기 자신의 본성에 대한 더할 수 없이 상세하면서도 가장 직접적인 이해가 아니면 달리 어디서 찾을 수 있겠는가.

그래서 그는 마음을 어릴 적의 그 사건으로 되돌렸다. 그것은 그가 신조와 인습에 사로잡히기 전에 지니고 있었던 일종의 지혜가 섬광처럼 잠깐 나타났던 경험으로서 자신이 걸어야 할 진정한 길을 가리켜 주었던 사건이었다. 이 일을 부처님께서는 정각을 이루신 후 다음과 같이 술회하셨다.

그때 문득 그 옛날 어린 시절 아버지 숫도다나 왕께서 왕실 밭을 갈고 계실 동안 잠부나무 그늘에 앉아 있던 일이 생각났다. 그리고 욕망과 깨끗하지 못한 마음상태를 밀어내어 버리고는 초연함으로 해서 일어난 더없는 기쁨에 잠긴 채 그러나 여전히 인식[尋]과 숙고[伺]는 행하고 있으면서 초선에 어떻게 들게 되었던가를 생각해내었다. '이것이 깨달음에 이르는 길이 될 수 있는 것일까?' 그 생각을 하자 명료한 의식이 나에게 일어났다. '그렇다, 진실로 이것이 깨달음에 이르는 길이다.'[6]

_____

6 [역주]《중부》 36경, I 권 246쪽

이제 설명을 조금 보태자면 이 첫 번째의 선[初禪]은 마음을 깨끗이 하고 고요히 함으로써 이르게 된다. 이런 마음상태는 호흡에 대한 마음챙김Ānāpānasati을 닦음으로써 도달할 수 있다. 이 적정 상태에는 기쁨과 희열이 따른다. 그리고 이 선정에서는 '생각 발단[尋]'과 '생각 지속[伺]'이 순화되어 고요한 상태이지만 아직 존속하고 있어서 이들은 이미 여러 가지 대상에 더 이상 끄달리지 않고 명상주제에만 오로지 전념한다. 이 선정으로부터 출정出定하면 마음은 고요하고 집중되어 있을 것이며, 그 이상 동적인 욕망들로 인해 흔들리지 않기 때문에 마음은 방금 겪은 경험을 구성하는 요소[法]들을 초연한 입장에서 검토할 수 있게 되고, 그래서 지각이 새롭게 명료해졌음을 느낀다. 이는 마치 지금까지 잔물결로 일렁거리던 연못의 수면이 거울처럼 고요해진 것과 같은데 이렇게 되면 두 가지 공능功能이 따른다. 수면은 바깥 사물들을 보다 더 정확하게 비춘다. 또 동시에 수면을 통해 바닥 깊이까지 들여다보는 것이 가능해진다.

이는 점진적인 선의식[禪識]의 첫 단계에 불과하다. 그러나 이것은 다음 단계들로 가는 길을 열어준다. 이들 두 번째, 세 번째, 네 번째 선을 거치는 동안 기쁜 느낌[喜], 몸을 통한 느낌들에 대한 인식, 대경對境에 대하여 일으키는 인식[有對想 paṭigha saññā], 그 외 자아의식을 구성하는 나머지 요소들이 차례로 떨어져 나가면서 의식은 더욱더 순화된다. 고행자 싯닷타는 보리수나무 아래에 앉아서 옛날의 초선정 경험을 상기하게 되자, 즉시 어릴 때엔 무의식중에 도달했었던 그 초선에서 시작하는 선정 경험을 다시 한 번 유도해내려 모든 주의를 기울이기 시작했다. 그래서 적정寂靜한 마음상태가 이루어지자 그는 정신적 집중을 그 자신의 내면세계 ― 몸, 마음 그리고 법들을 분석 검토하는 데로 계속 진전시켜 나갔다. 마음을 적정하게 만드는 기법을 사마타[止]수행이라 하는데 이는 위빠사나 [觀]수행이라는 직관의 계발을 위한 도입 부분이다. 마음이 마침내 사성제를 꿰뚫어 알고, 그래서 진리의 세계인 실재와, 상식의 세계인 환상을 구별할 수 있게 되는 것은 이 위빠사나 명상을 통해서이다. 그때에야 구극의 진리[四聖諦]가 마주보듯 바로 보이게 된다. 단지 지성으로 파악한 서술적 진리에 불과했던 사성제를 새로운 차원의 깨달음에 입각하여 비로소 확연한 사실로 알게 되고 이해하게 되고 느끼게 된다. 필설로는 형용할 길 없는 방식으로 사성제가 '경험되기'에 이르는데, 이는 마치 우리가 몸 안에서 일어나는, 우리의 생각과 감정 안에서 일어나는 느낌들을 경험하는 것과 꼭 같으며, 실로 이들보다 훨씬 더 큰 현실감과 박진감을 띤 채 경험하게 되는 것이다.

다른 방법들로는 다 실패했던 싯닷타가 이 직관적 통찰에 의해서 드디어 대각大覺을 성취하게 되었다. 이제 그는 자아라는 허구를 중심으로 삼는 의식의 한계성을 초탈해 있었고, 시공의 영역을 넘어 삼계를 꿰뚫을 뿐 아니라 그 너머까지도 볼 수 있게 된 것이다. 열성을 다하여 필사적으로 노력했으나 아무런 보람이 없었던 6년간의 고행 뒤에 드디어 그분은 다음과 같이 말할 수 있게 되었다.

내가 발견한 이 법은 심오하고 알기 어렵고 이해하기 어려우며 평화롭고 숭고하며 사유만으로는 성취할 수 없는 것이며 미묘하고 현자만이 경험할 수 있는 것이다.

《중부》26경, I 권 167쪽

그분이 통찰한 이들 법은 네 가지로 나눌 수 있는 진리에 대한 지혜로서 지견知見 *ñāṇadassana*이라는 용어가 포괄하는 모든 것의 기반이 된다. 사성제라는 이름의 이 진리는 부처님 가르침의 첫머리에 나오며, 뒤따르는 모든 가르침을 요약하고 있다. 이들 진리를 최초로 선포한 일에 대해 부처님은 말씀하신다.

> 비구들이여, 정각자 여래는 녹야원에서 이 사성제를 선포하고, 지시하고, 드러내고, 세우고, 설명하고, 분명히 함으로써 그 누구도, 어떤 사문도, 바라문도, 천인도, 악마도, 범천도, 이 우주의 그 어떤 존재도 무너뜨릴 수 없는 무상無上의 진리의 왕국을 건립하였도다!
>
> 그럼 이 사성제는 무엇인가? '고苦'라는 진리, '고의 집기集起'라는 진리, '고의 멸滅'이라는 진리, '고의 멸에 이르는 성스러운 길道'이라는 진리이다.
>
> 《중부》141경, III권 248쪽

그런데 이제 곧 보게 되겠지만, 이 진리들은 여느 종교적 신앙의 기초들과는 매우 다르다. 사실 너무나 달라서 불교가 도대체 종교일 수 있는가 하는 의문이 들 정도이다. 불교를 철학으로 보아야 할지, 윤리 장전으로 보아야 할지, 종교라 해야 할지, 과학이라 해야 할지 논의가 분분했지만 사실은 이렇다. 불교는 이 모두를 포함하고 그리고 이들을 넘어선다. 그것은 최상의 의미에서 마음에 대한 과학이다. 사성제는 이러한 불교의 또 부처님의 유일성을 구현한 결정체이다. 부처님께서도 이런 점을 스스로 밝히신다.

> 비구들이여, 이들 사성제에 관한 절대적인 바른 지식과 통찰이 나에게 명명백백해지지 않는 한, 나는 온 세계에서 더 이상 능가할 수 없는 지고한 깨달음을 성취했는지 확신할 수가 없었다. …… 그러나 이들 사성제에 관해 절대적으로 바른 지식과 통찰이 완벽하게 분명해지면서, 바로 저 지고의, 능가할 수 없는 깨달음을 성취했다는 확신이 내 안에서 일어났다.[7]

---

7 [역주] 《상응부》 56, 〈진리상응〉 V권 422~423쪽

'고'라는 성스러운 진리

[苦聖諦 *Dukkha Ariya Sacca*]

부처님께서는 이 첫 번째 진리를 다음과 같은 말씀으로 정형화시키셨으며, 이 정형구는 불교 경전 속에 시종 반복되고 있다.

비구들이여, '고苦'라는 성스러운 진리란 무엇인가? 태어남이 고다. 노쇠가 고다. 죽음이 고다. 슬픔·비탄·괴로움·근심·절망이 고다. 즐거운 것과 갈라짐이 고요, 싫은 것과 같이함이 또한 고다. 요컨대 집착과 연관된, 존재의 다섯 쌓임[五取蘊]이 바로 고다.[8]

---

8 [역주] 《상응부》(V권 421쪽)에서는 "태어남이 고다. 노쇠가 고다. 병듦이 고다. 죽음이 고다. 슬픔·비탄·괴로움·근심·절망이 고다. 즐거운 것과 갈라짐이 고요, 싫은 것과 같이함이 고다. 원하는 것을 얻지 못하는 것이 또한 고다. 요컨대 집착과 연관된, 존재의 다섯 쌓임[五取蘊]이 바로 고다."라고 되어 있다.

《장부》(22경 〈대념처경〉 II권 305쪽), 《중부》(141경, III권 249쪽)에서는 "병듦이 고다."와 "즐거운 것과 갈라짐이 고요, 싫은 것과 같이함이 고다."라는 항목이 빠져 있다.

이 구절을 두고 흔히들 불교의 안목이 담고 있는 염세
주의적인 기본태도, 심지어 절망적 태도의 표현이라고 해
석한다. 한 예로 쇼펜하우어가 그의 철학에서 동양사상을
원용할 때 그렇게 드러난다. 거기에는 서양의 활기차고 생
을 긍정하는 태도와 반대되는 것으로 불교를 보려는 경향
이 보인다.

만약 이 첫 번째 진리[苦聖諦]가 부처님 가르침의 전부
라면 위와 같은 부정적 해석도 근거 있는 것이 될 수 있
다. 또 비관주의나 낙관주의, 생의 부정 아니면 긍정의 사
고 범주 중 어느 하나에 꼭 끼워 맞춰져야 한다면, 이 진
리 하나만을 놓고 볼 때 불교가 어느 쪽에 들어가게 될지
는 자명하다. 그러나 불교의 견해에서는 양 극단적 사상
중 어느 한 쪽을 선호한다는 일부터가 타당치 못하다. 인
생을 객관적이고 편견에 치우치지 않고 실재적으로 보는
눈이 필요할 따름이다.

《증지부》(Ⅰ권 176-177쪽)에서는 "즐거운 것과 갈라짐이 고요, 싫은 것
과 같이함이 고다."라는 항목이 빠져 있다.

첫 번째 진리는 인간의 처지에 대해서 뿐 아니라 일체
유정물의 삶 전반에 대한 비판적인 검토 끝에 도달된 결
론이다. 이 첫 번째 진리를 받아들인다는 것은 일상적 시
각을 시정하고 재조정한다는 뜻도 된다. 그렇게 되면 우리
가 여태껏 만성적 병이라는 한 가지 이유만으로 으레 무
시해왔던 만인공유의 병의 증상을 새삼 인식하게 되는 셈
이다. 불교가 고를 강조하는 것은 치료를 하기 위해 필수
불가결한 사전 준비작업인 것이다. 말하자면 의사가 환자
에게 당신은 지금 병에 걸려있다고 말해주는 단계인 것이
다.

그렇다고 해서 공식적으로 명언화 되다시피 한 이 첫
번째 진리가 기쁨이나 웃음의 존재 자체를 부정한다고 생
각하면 안 된다. 고성제는, 즐거운 것에 안주하고 마뜩찮
은 것은 무시하고 잊어버리려고 하는 인간의 천성, 매우
의기소침하게 만드는 경험에도 불구하고 삶의 의지를 유
지시키는 심리적 기제가 되기도 하는 저 인간의 천성이,
안이한 도피적 성향으로 치닫지 않도록 하기 위해 생의
어두운 쪽을 강조하고 있는 것이다. 뿐만 아니라 이 첫 번

째 진리는 우리가 소위 행복이라 부르는 것을 개인적으로 즐기고 있는 그 순간에도 셀 수 없이 많은 유정들이 비참한 고통에 잠겨 있다는 사실도 일깨워 주고 있다. 이런 일깨움이 없으면 대부분의 사람들은 그런 실상을 까맣게 잊어버리기 쉽다. 또 행복을 운위云爲하려면 한 가지 사실, 즉 고가 삶을 압도하고 있다는 것을 인정하고 싶어 하지 않는 사람은 많으면서도 막상 자신의 힘으로 참 행복을 누릴 수 있는 사람은 그리 많지 않다는 사실을 잊지 않는 것이 도움이 될 것이다. 대다수 사람들은 현실로부터 벗어나는 길을 덧없는 쾌락 속에서 찾고 있는 형편이다.

부처님은 당신께서 즐거움과 고통 모두를 그 극치에 이르도록 경험해서 알고 있다고 말씀하셨다. 만일 인생이 기복 없는 비참함뿐이라면 누구도 생을 이어갈 욕구를 느끼지 못할 것이고 또 순전히 행복뿐이라면 종교가 제공하려 드는 치유가 아예 필요하지도 않았을 것이다. 여기에 한 가지 덧붙이자면 이상적으로 행복하고 안전한 세계, 인간이 꿈꾸어 온 가상의 유토피아 중 하나가 될 그 세계에서는 무슨 일이든 노력을 촉구하는 자극이 전혀 없을 것이다. 말이 난 김에 좀 더 부연하자면, 그 꿈의 세계는 꿈꾸는 사람이 제각기 나름대로 제 맘에 들게 그려내는 세계이기에 그 세계들 중 단 두 세계도 공통되는 모습을 갖기 어려울 것이다. 지금 우리가 보고 있는 이 세상처럼 서로 상충하는 조건들이 산재해 있는 곳, 선과 악이, 미덕과 사특함이 끊임없이 갈등을 빚는 곳에서만이 인간 특유의 가장 숭고한 노력도 나타날 수 있는 것이다. 실제로 이런 양면성이 존재할 수 있는 그런 세계이기에 그 같은 노력 역시 가능해 지는 것이다. 그리고 유토피아의 경우, 그것이 유토피아이기에 인간은 온갖 다양한 입맛, 성향, 욕구를 다 담으려 들기 마련인데, 하나의 특정 이상사회가 — 그것이 아무리 이상적인 사회라 해도 필연적으로 어떤 형태로든 균질화가 이루어질 수밖에 없을 텐데 — 구성원 모두의 행복을 충족시킬 수 있으리라고 상상하는 것처럼 어린애 같은 생각이 또 있을까.

우리는 요즘 현대 도시문명에서 피할 수 없는 한 속성으로서 불안신경증을 거론하는 것을 많이 들을 뿐 아니라 실제가 그럴만하고도 남는다. 하지만 여기에도 마찬가지로 양면성이 있다. 인간의 본성이라는 것이 원시와 문명 사이에서 균형을 유지하고 있는 것이어서 의식상태의 교호交互를 필요로 한다. 따라서 불안으로부터 너무 과도하게 해방되는 것도 인간성에게는 낯선 일이 아닐 수 없다. 이런 기미가 소위 풍요사회에서 벌써 나타나기 시작하고 있다. 범죄의 증가, 특히 청소년 범죄의 증가, 인종박해 사건의 격증, 기존질서에 대한 반항 등은 다른 어떤 원인들 못지않게 풍요사회가 여가를 쓸 줄 모르는 사람들에게 너무 많은 여가를 주고, 모험과 자극을 구하는 기질의 사람들에게 너무 많은 안전을 베풀고, 폭력이 유일한 의사표시 수단인 사람들에게 너무 많은 순종을 요구하는 것에도 원인이 있는 것이다. 이 모든 상황들은 어쩌면 거의 대다수의 사람들에게 부자연스러울지 모른다. 떼를 지어 불량배노릇을 하고, 고속도로를 경주로로 만들고, 자동차나 기차 앞에 담력시합 놀이를 하는 십대소년들의 모습은 위험에 부딪히고 그래서 그 위험에 맞서 자기존재를 내세우고 싶어 하는 원시적 충동의 발로인 것이다. 과보호사회가 금하기 때문에 억제되고 있는 싸움질과 모험, 거기에 따르는 스릴을 찾는 자존심의 외침인 것이다.

거의 모든 면에서 인간은 아직도 원시적이고 호전적 동물이다. 그렇지 않았다면 전쟁은 벌써 오래 전에 저절로 사라져버렸을 것이다. 히포의 아우구스티누스[9]는 '모든 사람은 평화를 원한다. 다만 제각기 자기식대로 원한다.'고 말했다. 이 말은 부분적으로만 옳다. 모든 사람은 평화를 원한다. 그러나 그들은 또한 그 평화가 일종의 전쟁이기를 원한다. 이 측면은 국제회의나 지식인들의 인도주의적 모임에서 벌어지는 그 모든 세계평화 담론의 이면에 작용하고 있지만, 그러면서도 인식되지도 인정되지도 않고 있는 엄연한 사실이다. 무의식의 영역에서 인간은 싸움질이 가져다 줄 승리감과 고통을 갈구하고 있는 것이다.

단조롭고 지루할 뿐인 영원한 천국의 행복이 지금 같은 인간체질에는 맞을 리가 없다. 고통이 없으면 기어코 그것을 만들어내고야 말 것이다. 불교는 이처럼 인간성의 중요한 실상을 바로 알기 때문에 천국에 대해 중요한 의미를

---

9 [역주] Augustine of Hippo. 성聖 아우구스티누스(354~430).
  히포Hippo는 고대의 항구도시로 현재 알제리에 속하며 아우구스티누스가 이곳의 주교로 있었다.

부여하지 않는다. 인격적 요소들이 여전히 불완전한 상태 그대로인데 영원한 행복을 무슨 수로 감당해내겠는가. 불행이 없이는 행복 역시 별 의미가 없을 것이다.

　속세의 상황을 개선하고 복지국가를 완성하려 애쓰는 것은 훌륭한 일이다. 그러나 거기에는 한계점이 있어서 이런 노력들이 그 한계를 넘어서게 되면 내부 붕괴를 가져오거나 아니면 전체주의로 치닫게 된다. 옛날 서구에서 사람들이 그나마 자기완성에 힘쓴 것은 하늘나라에 가겠다는 꿈이 있었기 때문이었다. 그런데 그 꿈을 접어버리고 이 지상에다 완전한 인간사회를 이루어내는 것이 가능하다고 생각하게 된 후로 사태는 점점 고약해져서 벌써부터 종교재판 시대에 보던 것보다 더 많은 자유의 억압과 말살 사태가 빚어지고 있다. 불완전한 인간이 어찌 완전한 사회를 만들어낼 수 있겠는가. 설령 완전한 사회가 이루어진다손 쳐도 지금과 같은 인간으로서는 그곳에 맞을 리가 없다. 이러한 사정을 역사학자들과 인류학자들은 잘 알고 있다. 그러나 불행히도 선동가들이 더 큰 힘을 쓴다. 목소리를 가장 크게 내는 요소들, 즉 정치적 요소와 상업적 요소들이 지배하는 세상에서는 개인에게 자기 구원을 모색할 기회를 거의 주지 않는다. 그런 세상을 사는 개인이 알고 있는 자기개발이란 정보습득 과정이 고작인데, 이것이 오늘날 교육이란 이름으로 행해지고 있다.

불교의 고의 진리는 공식적 표현이 나타내는 것보다 훨씬 더 많은 것을 의미하고 있다. 태어남— 불교식 정의에 따르면 끊임없는 생성과정 —이 고통스러운 일이라거나, 정신적 육체적 노쇠와 그 종말인 죽음이 피할 길 없는 재난이라는 것은 자명한 사실이다. 그러나 그런 재난은 그 일들의 실제적 발생에 한정되지 않고 그보다 훨씬 더 확장된다. 왜냐하면 인간은 삶의 걸음을 한 걸음 한 걸음 옮길 때마다 그들 고苦에 대한 어두운 생각으로 늘 그늘져 있기 때문이다. 현실화될 가능성이 크든 적든 간에 질병, 사고, 사별 기타 불행들의 위협으로 그늘져 있지 않은 때가 얼마나 될까. 마음의 평화를 위협하는 이런 일들을 놓고 아무리 태연한 척 가장해도 그것은 어설픈 눈가림일 뿐, 언제 또다시 벅찬 혼란 속에서 생각을 가눌 수 없게 될지 모른다. 영고성쇠는 삶과 분리될 수 없는 것이고 이것들을 무시하려 애쓰는 사람이야말로 정말 현실 도피자이다. 생을 적극적으로 긍정하려면 무엇보다도 바로 이런 영고성쇠의 요소들을 우리들의 세계관 속에 흡수할 채비부터 해야 할 것이다.

세계관 얘기가 나왔으니 철학 쪽부터 살펴보자. 오늘날 현실적 철학자가 비관주의로 흐르게 되는 데에는 충분한 이유가 있다. 그의 기계론적 우주관에는 인간적 가치가 들어설 자리도 개인적 성취에 대한 희망이 들어설 자리도 없다. 그도 불교의 고성제가 제시하는 바와 같이 생에 대해 환상이 없는 솔직한 관점을 취하긴 하지만 문제는 그가 치유에 대해 아는 바가 전혀 없다는 것이다. 그에게는 더 상위의 진리에 대한 확신도 없고 그렇다고 인간과 인간의 열망에 대해 분명히 적대적이거나 기껏해야 무관심할 뿐인 이 질서 정연한 우주체계 속에서 자신을 둘러싸고 있는 가혹한 현상現狀으로부터 헤어날 수 있는 길도 없다. 자신의 영웅적 절망에 대한 어떤 자만심이 그를 지탱해줄는지는 모르지만, 어쩌면 그는 이성에 반하는 믿음을 아직도 선택할 수 있는 사람들이나 키에르케고르처럼

믿음이 불가능한 종교를 불가능 바로 "그 때문에" 믿는다
는 사람들을 마음속으로는 부러워하고 있을는지도 모른
다.

　이번에는 과학 쪽을 돌아보자. 과학자들이 그려내는
별로 위안이 되지 않는 우주의 그림을 불교 또한 받아들
인다. 그러나 거기에는 한 가지 차이점이 있다. 불교의 법
*Dhamma*에는 상위의 진리와 그 진리를 실현하는 하위의
방도, 이 두 가지가 생생하면서도 알기 쉬운 사실로 담겨
있다. 그래서 현실적 시야를 희망의 세계로 안아 올려주
는 역할을 법이 하게 된다. 불교와 과학적 사유간의 대화
는 이제 겨우 시작단계에 있으며, 상호 이해가 깊어질수록
수많은 새롭고 의미심장한 해석을 도출해 낼 것이다.

　일반 상식인들의 경우, 전통적 신앙체계에 대한 신념
상실은 그만큼 정신적 공백을 초래했고 이 공백을 메우
려 사람들은 물질적 발전에 열중하거나 아니면 이런저런
대의명분을 찾아 끝없이 몸부림치게 되었다. 이렇게 몸부
림치다 보면 올바르고 정당한 것이 어느새 부당한 것으

로 꼬여 있는가 하면, 그 수단들도 목적에는 전혀 부합되지 않는 것으로 변해 있기 일쑤다. 이런 함정들을 알고 나면 그 사람으로서는 세상사 흘러가는 대로 순순히 따르는 수밖에 달리 길이 없게 된다. 그렇지만 인간은 가치가 전적으로 배제된 삶을 살 수는 없다. 아무데서도 찾아지지 않을 때는 억지로라도 만들어야겠다는 강박감에 지배당한다. 이런 현상은 과학에서 조차 눈에 띈다. 코넌트가 지적했듯이[10] 가치판단은 굽이마다 항상 끼어든다. 그래서 우리가 생 그 자체에 가치판단을 적용시켜본다면, 생의 전반적 얼개가 절대적인 도덕적 필요성을 결여하고 있듯이 궁극적 목적도 결여하고 있는 것이 분명하며, 한편 생을 가득히 메우고 있는 고통과 불행 역시 이렇다 할 목적도 갖고 있지 않기는 마찬가지인데, 그런 불쾌한 양상들이 인간의 모든 경험 전반에서 판을 치고 있다는 사실을 깨닫게 되면 당혹감을 떨치지 못한다. 19세기 말엽을 풍미하던 낙관주의 철학은 오늘날 흔적조차 찾아보기 어렵다. 실용주의적 측면에서 건설적인 철학의 가능성을 기대

---

10 코넌트James B. Conant, 《현대과학과 현대인*Modern Science and Modern Man*》 1952.

해보고 싶지만 자연 정복에 승리를 거둘 때마다 인간성이 점점 더 속절없이 표류하게 되면서 철학이 실용주의적 측면에서 건설적일 수 있는 가능성 역시 점점 멀어져 갈 뿐이다. 핵정치nuclear politics에 사로잡히고 달을 소유권의 대상으로 만들어가는 판에 대부분의 사람들은 진보라는 단어가 진정 무엇을 뜻하는지 자문自問하지 않는 것이 오히려 상책이라는 것을 깨닫는다.

현대 철학과 마찬가지로 문학과 예술도 똑같이 황량한 분위기를 반영하고 있다. 《황무지》 이후에 T. S. 엘리엇의 관심이 종교 쪽으로 기울었고 올더스 헉슬리의 박학하면서도 예리한 기지가 혼합적 신비주의로 방향을 바꿔버린 것은 사실이지만, 그래도 그들이 한번 울린 가락은 이후 그들의 작품이나 다른 이들의 작품에서 계속 메아리쳤다. 그 후 종교에서 답을 구하고자 하는 분위기도 사라져가면서 일군의 작가들이 정치적 몸짓을 통해 그 대안을 찾아보려 애써서 한때 활력을 갖기도 했으나 본격적 깊이나 영속적 가치를 지닌 것은 별로 만들어내지 못하고 말았다. 대체로 작금의 문학은 현재로서는 인생의 괴로움을 그려 보이기만 할 뿐 그것을 줄여주거나 완화시키는 구실은 못하고 있다. 예전에 기쁨이 슬픔으로 돌변하는 식의 시인들의 상투적 탄식이나 16세기 엘리자베스 시대 극작가들이 보였던 영혼의 어두운 면에 대한 관심들이 그래도 참을 만 했던 것은 거기에는 최종적 절망의 조짐은 없었기 때문이었다. 햄릿은 죽음을 한번 건너면 다시는 돌아올 수 없는 강으로 그리고 있지만, 이는 어디까지나 그의 독백의 극적 효과를 높이기 위해서 한 말이었다. 방금 본 아버지의 망령이 실은 거기서 돌아온 것이 아니었던가. 고전 비극에는 이처럼 슬픔과 엄청난 공포도 있었지만 오늘날 허무주의가 안겨주는 것 같은 심장까지 떨리는 오싹함이나 삶의 철저한 무의미에서 오는 20세기적 전율은 없었다. 괴로움에도 의미가 있다고 생각할 때 인간은 그것을 견뎌낼 수 있었다. 그때 겪은 고통은 오히려 최상의 문학과 예술을 위해 풍부한 기초 자료를 마련해주었고 깊이와 의미를 부여하는 진실성을 제공했다. 우리가 인간의 실존을, 전체 인류적 상황과의 유대를, 고통을 공유하는 모든 사람과의 동일화를 확인하게 되는 것은 비극 속에서이다.

"세 가지 고가 있느니라." 부처님께서 말씀하셨다. "마음과 몸에 본유하는 고[*dukkha-dukkhatā* 苦苦性], 집성체集成體들의 고 [*saṅkhāra-dukkhat* 行苦性], 변이變異의 고[*vipariṇāma-dukkhatā* 壞苦性] 가 그들이니라."

《장부》33경, III권 216쪽

이 말씀은 매우 포괄적이다. 경험적 양태의 고뿐만 아니라 우주의 구조적 필연성으로서의 고까지 말씀하시고 있기 때문이다. 정신적·육체적 고는 가장 분명한 형태로 드러나는 고통인데 반해, '집성체들Aggregates의 고'는 편치-않음dis-ease, 불안, 불안정의 상태로 숨어있는 고이다. 그런 고는 존재라는 순간적 위상位相[11]들의 생멸 그 자체에 이미 본유하는 것이며, 우리가 보통 알아차리지 못하고 지내지만 언제나 줄곧 존재하고 있는 고이다. 마지막의 '변이의 고'는 행복의 영속적이지 못한 성질에서 오는 것이다. 행복이라는 것은 영원한 것이 아니며 고통이 내재해 있는 것이어서 언제든지 고통으로 바뀔 수가 있다.

---

11 [역주] 위상位相 phase: 물리학에서는 주기적으로 되풀이되는 운동 중에 나타나는 상태나 위치의 변수를 말한다.

고의 이 세 가지 면 가운데에서 불교세계관에 대해 특별한 이해가 필요한 것은 두 번째 것뿐일 것이다. 여기서 말하는 집성들은 살아있는 유정물을 구성하는 다섯 가지 온蘊 *khandhā* 내지 군群 groups을 가리키는 것으로 다음과 같다.

색온色蘊 *rūpakkhandha*은 보이고 만져지는 형상체로서 물질의 집성이고, 수온受蘊 *vedanākkhandha*은 눈·귀·코·혀·촉각기관·뜻[意]의 여섯 감각기관들로부터 유도된 느낌들의 집성, 상온想蘊 *saññākkhandha*은 각기 대응되는 상대들과 접하고 있는 기관들로부터 일어나고 있는 지각들, 행온行蘊 *saṅkhārākkhandha*은 사고, 상상, 기억 그리고 의지를 포함한 정신적 속성들, 끝으로 식온識蘊 *viññāṇakkhandha*은 특정 순간의 의식의 전全 내용을 뜻한다.

이 온들은 모두 복합된 것이고, 조건에 매인 것이고, 영속하지 않는 것들이다. 끊임없는 변화의 상태에 있으므로, 다시 말해 생멸하고 있으므로 그들 속에서는 견고하고 지속하는 실재實在다운 성질을 띤 것이라곤 아무 것도 없다.

　이처럼 오온은 계속 변천하는 조건부적 존재 이상의 그 무엇도 아니기 때문에 독자적으로 존재하고 또한 변하지도 않는 인간존재의 핵 같은 것을 함유할 수가 없다. 의식 있는 존재라는 것은 실제로는 시공을 통해 흐르고 있는 인과의 연속체일 뿐 의식에 의해 알아차리는 자신의 존재란 것도 영구한 진행과정 중 한 단면도에 불과한 것이다. 끝내 완전한 존재의 실현에 도달하지 못하는 생성과정, 그 끝없는 변화 속에 '집성체들의 고'가 본유하는 것이다.

　'변화 속에서의 자기 동일성'의 문제는 동일성을 하나의 인과관계로 볼 때 비로소 이해될 수 있다. 가령 동물인지 식물인지 구별하기조차 모호한 원생동물이 연출하는 일련의 탈바꿈에서도 고도로 복잡한 유형의 개별성을 발견할 수 있다. 생애 중 어느 한 단계에 있는 어떤 원생동물이 그전에 존재했던 것과 또는 직후에 존재할 것과 '동일한' 원생동물이라고 말하기는 어려울지 모른다. 그렇지만 그 원생동물이 독자적으로 생겨나지는 않는다. 각 단계의 탈바꿈은 그 앞에 일어났던 탈바꿈 과정들의 후속 결과이며 또 각 단계는 외부조건들에도 의지하고 있는 것이다. 생의 기본구조에 다가 갈수록 이 원리는 더욱 분명해진다.

사람이라는 존재의 경우 아무리 분석해 보아도 이들 오온 이외의 어떠한 정신적·물질적 구성요소도 더는 발견할 수 없다. 이런 이유에서 사람이라는 존재는 '자아–실체'라 부를 수 있는 것을 갖고 있지 않다고 해야 할 것이다. 자아는 여러 조건이 맞물려 빚어낸 주관적 현상이며, 영적 생명이라는 것은 일련의 정신적 사건의 연속일 뿐이다. 인간 존재의 구성에 참여하는 모든 것을 제법의 '세 표상[三法印]', 즉 무상Anicca·고Dukkha·무아Anattā로 파악하기도 한다. 그 중 무아[Anattā, 산스크리트어로는 an-ātman, 영혼이 공함]는 이 영속 불변한 존재의 정수精髓의 부재를 의미한다.

동시에 생명에 대한 집착의 원인도 이들 인간존재를 구

성하는 오온들이다. 이들은 정신적 물질적 양면에서 선행 조건 및 동시 발생 조건들[12]의 방식으로 일어난다. 이들은 생의 충동을 지속시키고 끊임없이 재 보충하는 기능을 하기 때문에 집착 온[取蘊 *upādānakkhandha*]이라 불린다. 이 집착 온들이야말로 존재가 자발적으로 자신을 고에 단단히 붙들어 매는 쇠갈고리들인 것이다.

다른 모든 유기체들과 마찬가지로 인간도 자극에 반응하게끔 조건 지어져 있다. 자극 반응의 원리가 유기적 진화에서 주도적 역할을 하기 때문이다. 따라서 어떤 형태의 고는 인간이 오히려 즐기고 있다는 사실을 발견하거나 고와 낙이 자극의 형태로 서로 겹쳐 있어 때로는 고인지 낙인지 조차 구별하기 어려운 경우가 있다 해서 놀랄 일은 못된다. 육체적 흥분도 과도하게 되면 즐거움에서 고통으로 바뀌어 버린다. 심미적 자극도 마찬가지로 기쁨과 슬픔의 경계를 넘나든다. 낙조의 아름다움은 마음을 산

---

12 [역주] 아비담마에서 말하는 24가지 조건양태*paccaya* 중 선행 조건인 전생연前生緣 *purejāta paccaya*과 동시발생 조건인 구생연俱生緣 *sahajāta paccaya*을 말함. (냐나띨로까 스님 지음《*Buddhist Dictionary*》참조)

란하게 하거나 불안하게 만드는 수도 있지만 그 누구도 그런 이유로 그 아름다움을 피하려 하지는 않는다. 자학증을 두고 비정상적이라 간주하지만 실은 완벽하게 '정상적'이다. 사람들은 커다란 비극을 통해 연민과 공포를 맛보러 일부러 극장에 간다. 이런 일들은 제쳐놓더라도 즐거움은 본질적으로 고통의 원천이다. 지속되고 있는 동안의 즐거움은 일종의 어수선함이자 흥분이다. 즐거움이 끝나버리면 우리는 아쉬움에 잠겨 그것이 좀 더 계속되거나 반복되기를 바라는 심정이 된다. 또 즐거움을 추구하는 과정 중에 부딪치는 위험이 고를 포함하듯이 즐기고 있는 경험에 대해 스스로 나타내는 반응에도 역시 어느 정도는 고가 포함되어 있다. 사치나 감각적 쾌락을 유달리 좋아하는 사람들은 그런 것이 허용되지 않을 때 괴로움을 맛볼 뿐 아니라 그런 것을 즐기는 중에 절제를 행하기가 얼마나 어려운가도 알게 된다. 그렇다고 무절제한 방종에 젖어버리면 그 결과는 자제에 따르는 고통보다 훨씬 더 괴롭고 또 오래가는 고통을 안겨주기 마련이다. 이런 사실은 거친 육체적 쾌락에만 적용되는 것이 아니다. 극도로 세련된 지적, 심미적 즐거움에도 역시 사로잡힐 수가 있고, 중

용을 결여한 이런 유의 힘은 정신적 탐닉의 형태를 취할 수 있으며, 탐닉이 심리에 끼치는 영향은 파괴적이다. 어느 모로 봐도 즐거움은 자극제 기능의 한 부분으로서 고를 포함하고 있거나 아니면 즐거움의 결과로서 고를 초래하거나 둘 중 하나이다. 모든 느낌은 궁극적 의미에서 따져볼 때 자극이란 면에서 고이다. 그것이 바람직한가의 여부는 순전히 주관적인 분별에 달린 별개의 문제이다.

불교에서는 고를 다시 네 가지로 분류하기도 하는데, 드러나지 않은 고, 드러난 고, 간접적인 고, 직접적인 고가 그것이다. 드러나지 않은 고는 성냄이나 열정, 갈망에 수반하는 쓰라림처럼 밖으로 표출되지 않는 심리적 고통이나 그 고통의 원인을 말한다. 또한 두통처럼 밖으로는 보이지 않는 육체적 고통의 형태가 될 수도 있다. 드러난 고는 고문을 당할 때의 고통처럼 고통과 그 원인이 분명히 드러나는 것이다. 간접적인 고는 감각적 즐거움처럼 그 뒤에 겪게 될 고통의 씨앗을 내포하고 있는 아픔이며, 직접적인 고는 당장 겪고 있는 아픔이다.

인간이 알아차리거나 말거나 관계없이 고는 우주론적 면에서 엄연히 존재한다. 왜냐하면 이미 우리가 살펴보았듯이 고는 존재의 세 가지 표지, 즉 모든 현상들[諸法]의 세 가지 특성 가운데 하나이기 때문이다. 우주안의 모든 것은 생멸하기 마련이며 무상·고·무아의 세 특성은 물질과 비물질을 막론하고 모든 합성체[諸行]에서 볼 수 있다.

물질은 사대四大[地·水·火·風]로 만들어지며, 이들은 물질이 형태를 취하는 네 가지 범주를 각기 대표하는 것들이다. 편의상 이들을 견고성[地], 응집성[水], 온도[火], 움직임[風]의 '요소들'이라 정의한다. 때로는 공空을 제5요소로 추가하기도 한다. 이와 같은 분류는 물질의 원자단위들의 기능과 그 다양한 변환을 설명하려는 철학적 목적에 매우 적절하며, 실제로 그 적절성이 증명되고 있다. 이들 원자들과 그의 구성 요소들은 끊임없이 이동하고 변화하는 상태에 있고, 그러한 과정 중에 에너지는 지각 가능한 물리적 물질이라는 단단한 외관을 띠기도 하는 것이다. 이 물질이란 것이 한낱 '겉보기'에 불과할 뿐이라는 것은 러셀의 다음 말[13]에서 지적되고 있듯이 현대 물리학에서 충분히 확인된 사실이다.

무언가 본체本體로 간주될 수 있는 것을 찾아 물리학자들은 일반 물질을 분자로, 분자를 원자로, 원자를 전자와 양성자로 분석했다. 그러나 이제 전자와 양성자마저도 하이젠베르크에 의해서는 방사선계[14]로 그리고 슈뢰딩거에 의해서는 파동계로 용해되고 있다. 이 두 이론은 수학적으로는 거의 동일한 내용이 된다. 그리고 이런 결론들은 멋대로 떠드는 형이상학적 사변이 아니고 대다수 전문가들에게 받아들여진 냉철한 수학적 계산이다.

물질이 방사선이든 파동이든 간에 에너지로 결말이 나

---

13 [역주] 버트런드 러셀, 《철학*Philosophy*》(1927) 293쪽.

14 [역주] 방사선계: systems of radiations. 여기서 방사선은 여러 가지의 입자선粒子線 및 복사선輻射線의 총칭. 이 경우 하이젠베르크의 용어대로 행렬계system of matrix라고 써야 할 문맥인데 러셀이 '행렬'이라는 수학 용어 대신 '방사선'이라는 용어를 쓰고 있는 까닭을 러셀의 다음 문장에서 살펴볼 수 있다.

"하이젠베르크는 한 덩어리의 물질을 방사선들이 외부로 여행을 떠나는 중심부로 보고 있다.— 방사선들은 실제로 일어난다고 추정된다. 그렇다면 그들의 중심에 있는 그 물질은 단순한 수학적 허구로 환원된다."(같은 책 278쪽)

고 있는 이상, 모든 현상[諸法]은 정적靜的인 실체로 볼 것이 아니라 시공 연속체 속에서의 사건들의 이어짐으로 보아야 할 것이다. 이를 제대로 이해하려면 그들을 모든 형태의 에너지의 한결같은 특성, 다시 말해 끊임없는 이동과 변환이란 특성을 지닌 한낱 과정들로 관찰해야 할 것이다. 여기서 다시 개별성의 문제가 불거져 나온다. 원생동물이나 마찬가지로 원자 역시 격렬하게 동요하는 존재의 위상에선 한 순간에서 다음 순간으로 이어지는 실질적 동일성을 지닐 수가 없기 때문이다. 우주 그 자체의 기본 구조를 에너지라 할 때 이 에너지는 끊임없는 불안정과 동요란 말로 표현할 수밖에 없는 어떤 것을 뜻한다.

사람과 관련하여 오온을 분석함에 있어 부처님은 육신과 그 외의 모든 물질들(예를 들어 눈물·콧물·똥·오줌 등)을 구성하는 것들이 모두 사대四大로 이루어져 있다는 점에서부터 시작하여 다시 그 구성품들을 열거해 나가며 그들이 자신의 몸 안에 있는가 아니면 몸 밖의 외부 세계에 있는가에 따라서 내재적 및 외재적 요소로 분류해 나가신다. 그래서 자기 몸의 것이든 바깥 객체의 것이든 견고성

[地 paṭhavi]은 모두가 하나의 질서에 속하는 것이고, 동일 범주의 현상에 속하며 또 그것이 어디에 있든 간에 생멸 生滅이라는 동일 법칙에 따른다는 것을 밝히신다. 똑같은 방식이 안팎의 모든 응집성·온도·움직임의 인자들에도 적용된다. 이처럼 분류된 것들은 매번 다음의 언명으로 끝난다.

> 자 그럼, 그것이 내적 요소든 외적 요소든 성질에 있어서는 그 둘이 하나이다. 이 점 누구나 실제대로 참 지혜에 의해 분명히 알아야 할 것이니, 즉 이 요소는 '나'에게 속하지 않으며, 이것이 '나'가 아니며, 이것이 나의 '자아'가 아니라고.
>
> 《중부》 28경, I 권 186쪽

무슨 형태로 존재하고 있건 간에 물리적 물질은 사실상 그 기본구조에 있어서는 한 가지이다. 물질을 고체·액체·기체의 세 부류로 나누는 대신 불교의 우주론적 분석은 그것을 가벼운 성질[lightness, buoyancy], 유연한 성질[softness, plasticity], 활발한 성질[activity]과 같은 군群[15] 특

---

15 [역주] 군群 group: 앞의 47쪽에서 보았듯이 온蘊과 동의어로 쓰이기도

성group characteristics에 의해 정의한다. 물리학적으로 보아도 절대적으로 고체적, 기체적, 액체적이라 불릴 수 있는 것은 없고 오히려 각각은 다른 성질들도 어느 정도 띠고 있는 것이 분명하므로 그 모두를 사대종四大種에 귀속시키는 분류방식이 불교의 진리탐구의 목적에도 잘 맞는다. 이렇게 분류하는 불교적 지혜를 특히 육체에 적용하려는 [身隨觀] 목적과 거기서 더 나아가 모든 물질을 포용하는 보편적 원칙을 세우려 하는 목적은 '마음'으로 하여금 인간의 몸이 다른 물질적 대상과 구별되는 초자연적 유기체라고 믿는 데서 깨어나도록 하고 또 몸을 '자아'로 여기거나 아니면 자아에 불가결한 것으로 보려드는 경향을 불식시키려는 데 있는 것이다.

한다. 한편 현대 수학에서는 전문용어로서 집합의 한 형태로 세밀하게 정의되어 수학 전 분야의 기초개념의 하나가 되었으며, 양자역학·심리학 등 여러 방면에 널리 응용되고 있다. 여기에 든 가벼운 성질 등은 색온을 구성하는 24가지 현상들[色所造] 중 일부다. 파생된 것이 아닌 1차의 4 대종에 대해 이들 24가지 현상들은 파생된 2차 현상들이다.

저자가 굳이 군群, 위상位相 등 현대과학의 주요개념들을 끌어서 불교의 주요개념과 연결시키려 노력하는 것은 저자의 말대로 과학과 불교의 대화를 위한 초석을 깔고 싶어서 일 것이다.

부처님께서는 네 가지 비물질적 내지 정신적 온蘊들도 이와 똑같은 방식으로 다루신다. 감각[受], 지각[想], 의도적 활동[行], 의식[識]은 모두 인과적으로 조건 지어진 인자因子들이다. 이 인자들의 '수명'은 심찰나心刹那 thought-moments들로 이루어지며 이 심찰나들은 상상할 수 없을 정도의 빠른 속도로 일어났다 사라진다. 한 존재가 자각하며 실존하는 실제기간은 이들 의식의 점点 찰나刹那들 중 하나의 존속 기간보다 길지 않은데, 이 찰나들이 인과의 실에 꿰어 있기 때문에 자기 동일성이라는 환幻을 일으키는 것이다.

그래서 이를 부처님께서는 다음과 같이 요약하신다.

모든 온蘊들은 덧없다.[16] 모든 온들은 고에 지배된다. 모든 것들[法]은 자아실체를 결하고 있다. 몸은 덧없다, 느낌은 덧

---

16 [역주] 덧없다: 본문에는 transient를 쓰고 있는데, 무상을 표현하는 많은 단어 중에서 이 용어는 일시적이어서 곧 변천하는 것을 의미한다. 동물학動物學에서는 나그네새 중에서도 특히 체류기간이 짧은 것. 수학에서는 독립변수가 무한대에 가까워짐에 따라 0에 근접해가는 함수를 의미한다. 물리학에서는 '지나가는, 과도' 등의 뜻으로 쓰인다.

없다, 지각은 덧없다, 정신적 집성들[諸行]은 덧없다, 의식은 덧없다. 그리고 덧없는 것은 (필연적으로) 고에 휘말린다.[17] 고와 변화에 휘말려 있는 것을 두고 "이것은 '나'에게 속한다. 이것이 '나'다. 이것이 나의 '자아'다."라고 진정으로 말 할 수는 없을 것이다. 따라서 육체적 형상을, 감각을, 지각을, 정신적 집성들을 또는 의식을 구성하는 것은 무엇이건 간에 거칠든 미세하든, 품위 있는 것이든 저급한 것이든, 멀든 가깝든 실제대로 참 지혜에 의해 분명히 알아야 한다. "이것은 '나'에게 속하지 않는다, 이것은 '나'가 아니다, 이것은 나의 '자아'가 아니다."[18]

가장 넓은 뜻에서 고dukkha라는 말은 가벼운 불만에서 절망에 이르기까지, 가벼운 불쾌에서 뼈저린 고뇌에 이르기까지 모든 수준의 정신적 물질적 편치 않음을 다 포함하는 것으로 이해해야 한다. 살아있는 유기체는 그것을 구성하고 있는 부분들이 모두 영구하지 못한 것들이기 때문에 유기체 나름의 불안정하고 항상 변하는 성질에 본유

---

17 [역주] 휘말리다: 원문은 be involved in. 수학에서 involve는 수를 거듭 제곱하는 것임.

18 [역주] 《중부》 22경, 35경, 109경, 147경 등.

하는 형태의 고, 즉 마냥 존재로 되어가기_comingtobe_만 할 뿐 진정한 존재의 상태를 실현하지 못하는 데서 오는 과정 특유의 고에 지배당한다. 다시 정신적 집성들의 경우에는 불안정이라는 특징이 다양한 형태를 취한다. 성마름·좌절·분노·걱정, 갈등하는 욕구와 정서들, 일체의 고민에 찬 상태들, 이들이야말로 고로 이해해 마땅한 것들이다. 이렇게 볼 때 우리가 행복이라 알고 있는 것마저도 흥분이라는 고통에서 자유롭지 못하다. '행복'도 그 반대 되는 것, 즉 우리가 '슬픔'이라 부르는 불안정의 양상과 대조될 때에만 존재할 따름이다. 따라서 즐거움이니 고통이니 하는 것은 짝을 이루는 상대적인 것으로 그 대칭이 없이는 경험해 볼 길도 없는 그런 것들이다. 불교는 식識에 끌려가는 삶이라는 조건이 전제되는 한, 완벽하고 변하지 않는 순수한 행복이 있을 여지는 없다고 단정한다. 왜 이런 단정을 하는지, 그 이유는 다음 장에서 고의 근원과 발생 원인을 다루는 두 번째 성제[第二聖諦]를 검토해 나감에 따라 더 분명히 밝혀질 것이다.

'고의 집기集起'라는 성스러운 진리

[集聖諦 *Dukkha Samudaya Ariya Sacca*]

만약 금생이 우리가 통과해야 할 유일한 삶이라면, 만약 죽음이 기쁨과 슬픔 그 모두의 끝이라면 고의 현존재가 특별한 의미를 가질 수 없을 것이다. 그때는 고를 가능한 한 완화시키는 실질적 방법만이 문제가 될 것이다. 또한 우연하게 생겨나서 무의미한 사건들의 연속으로 진행되다가 끝내 무의미한 종말을 맞는 인생살이에서라면 도덕적 가치 따위는 들어설 자리조차 없을 것이다. 선과 악, 정正과 사邪 같은 추상적 개념들은 당장의 필요에 우연히 들어맞은 작위적이고 제멋대로인 기준들에 밀려 폐기되고 말았을 것이다.

그런 상황에서는 자비심마저도 인간의 가치등급에서 그다지 높은 자리를 차지하지 못하게 될 수 있을 것이다. 왜냐하면 논리상으로는, 가장 성공적으로 고를 피해낸 사람이, 설사 남들에게 고를 끼친 끝에 그렇게 되었을지라도, 최고의 가치성취를 구현한 셈이 될 것이기 때문이다.

그러나 대체로 인류가 이런 견해를 받아들였던 적은 없었다. 자연의 제반 조건들이 적어도 외형상으로는 이 우주에서 도덕적 질서를 찾을 수 있는 근거를 별로 제공해 주지 않는데도, 인간은 원칙적으로는 항상 고려해야 할 어떤 절대 가치가 실제로 있는 듯이 처신해 왔다고 볼 수 있다. 인간은 정과 사의 실재에 대해 생래적 확신을 갖고 있으며, 그래서 법률을 위반할 때에도 그것이 잘못이라는 것을 자인한다. 도덕질서에 대한 이런 본능적 신념 때문에 우리는 감각을 가진 존재들의 세계[有情界]를 엄습하는 해악의 원인을, 그것도 우리의 정의 개념에 들어맞는 원인을 규명하고자 서두르게 되는 것이다.

불교는 생명의 연속적 전개를 전제로 하는 도덕법의 체계를 당연한 것으로 받아들인다. 이 연속은 원인과 결과의 방식으로 진행되며, 여기서 원인은 업*kamma* 또는 의도적 행위이고 결과는 이숙異熟 *vipāka*, 즉 원인들의 결과로서 뒤따르는 즐거운 경험, 불쾌한 경험, 혹은 쾌락 면에서 명확치 않은 경험들이다. 도덕적으로 건전한 생각·말·행동에서 좋은 결과가 산출되고, 도덕적으로 불건전한 생각·말·행동에서 나쁜 결과가 산출되는 식의, 사람과 무관한 일반적 법칙의 작용에 의해서 도덕적 균형이 유지된다. 이 글에서 '재생rebirth'이라는 말로 표현되는 생명의 연속현상은 영적 실체의 '다시 태어나기reincarnation'라는 말이 의미하는 바와는 그 뜻이 전연 다르다. 재생은 "저것이 있었기에 이것이 있게 된다."고 표현된 인因과果 연속체내의 관계성들의 개별적 흐름이다. 한 생에서 다른 생으로 이어지는 자기동일성이란 오로지 이와 같은 인과적 관계성으로부터 이끌어 낸 것일 뿐이어서 이는 마치 한 생애 중에 어린이가 어른이 되고 어른이 80대 노인이 될 때 거기서 볼 수 있는 인과관계와 같은 것이다. 비유컨대 우유가 변하여 커드가, 커드가 변하여 치즈가 될 때의 인과관계성과 유사하다. 이는 원생동물이나 원자의 상이한 위상들에서 볼 수 있는 것과 같은 순전히 인습적인 의미에서의 '동일성'이다.

사후에도 재생의 연속이라는 형태로 존재가 지속된다는 가르침은 불교에서만 펴는 것이 아니고 동서양의 아주 오래된 여러 종교적 전통들과 보조를 같이하고 있는 것이다. 한 가지 차이점은 불교가 인간존재를 하나의 현상으로 다룬다는 점인데, 이는 존재론적으로 매우 중요한 차이이다. 즉 불교에서는 오온 중 어느 한 요소가 죽음을 넘어서 계속 존재해가는 것이 아니며 어떤 원인이 존재할 경우 그것으로 인해 어떤 결과가 나와서 뒤따르게 된다는 우주의 규칙에 따라 모든 온들이 부단히 갱신된다고 가르치는 점이 특별한 면이다. 불교의 재생론은 두 가지 근거에서 자주 비판을 받는다. 첫째, 그것이 무아의 원칙과 모순된다는 것, 둘째, 재생론은 독단을 배격한다고 주장하는 불교 체계가 근저에 깔고 있는 독단이라는 것이다. 첫번째 반대이론에 대해서는, 인과적 연결 형태를 취하는 동일성이 생물학적 심리학적, 심지어 순수물리학적 과정을 통해 어떻게 나타나는지 정확하게 이해할수록 인간 존재에 대한 불교의 역동적 개념이 옳다는 것 그리고 무아의 개념이 우리가 보통 '자신'에 대해 언급할 때 일반적으로 말하고자 하는 성질의 '동일성'은 결코 배제하지 않는

다는 점 등이 확인될 것이다.[19]

두 번째 비판 역시 자세히 살펴보면 전혀 타당하지 않다는 것을 알 수 있다. 사람이라면 누구나 갖고 있는 어떤 직감, 즉 그의 인격체 전부는 아니더라도 자신의 사사로운 의식세계, 개성으로 굳어진 인식 경험 중 일부는 죽음으로써 끝나버리지 않을 것이라는 직관적 느낌은 제쳐 두자. 또 더 중요한 고려사항으로, 이 우주에 정말 정의나 도덕적 질서의 원리가 있다면 그것은 오직 금생 너머에까지 작용하는 일종의 도덕적 응보 법칙에서만 찾는 수밖에 없을 것이라는 점 역시 접어두자. 그러나 재생이 실재라는 것 그리고 (예컨대 최면상태와 같은) 어떤 일정한 상황에서 전생을 기억하는 일이 가능하다는 것을 보여주는 증거가 이미

---

19 "'의식'이 존재한다는 것을 한마디로 부정한다는 것은 겉보기로는 매우 이치에 어긋나 보일 것이다.—왜냐하면 생각들이 존재한다는 사실은 결코 부정할 수 없기 때문이다.— 어떤 독자들은 여기서 책을 덮어버릴지도 모르니 설명을 서두르겠다. 내가 뜻하는 것은 이 의식이란 단어를 하나의 실재하는 것을 나타내는 것으로 이해하는 데 반대한다는 것, 오히려 그것은 어떤 기능을 나타낸다는 점을 극력 강조하고 싶다는 것뿐이다."(윌리엄 제임스, 《의식은 존재하는가?》 1904)

독자 여러분은 이 윌리엄 제임스의 글과 "생각한다, 고로 존재한다."는 데카르트의 정태적 개념을 대조해 보기 바란다.

많이 나와 있고 또 계속 늘어나고 있다. 재생설은 이제 입증되지 못한 가설의 처지에서 멀리 벗어났다. 그것은 두 길로 우리에게 친근하게 다가서는 진리가 되었다. 하나는 목적론적 입장에서의 필요성 때문이고 또 하나는 개인적 체험으로 얻게 된 지식이나 남들이 제시한 증거를 통한 직접적 접근이다. 이 진리에 대한 유일한 '상식선의' 반대 — 사람은 전생을 스스로 기억해 내지 못하지 않느냐 — 는 우리가 기억 그 자체의 한계성이라든가 기억을 방해, 억제하는 갖가지 환경적 요인을 고려하면 부질없는 것이 되고 만다. 이 문제와 관련하여 형질유전을 위시한 그 밖의 유전학적 고찰이 미치는 영향을 검토해 보면 거기에는 불교에서 이해하고 있는 재생과 상반되는 점이 전혀 보이지 않을 뿐 아니라 오히려 그러한 연구는 정신적 에너지가 무기물로부터 유기적 생명을 만들어내고 동시에 종의 정체성을 유지해내는 과정을 설명하는 데 꼭 필요한 부분을 보완해 준다. 화학적 속성만 갖고 있는 물질을 통해서 유전형질이 전달되는 구체적 방식처럼 여전히 모호한 상태로 남아있는 생물학적 과정상의 많은 문제점들이 해명되려면 추가로 어떤 한 요인이 필요하다. 또 동물들에서 볼 수 있고, 어느 정도 인간에서도 볼 수 있는 행동유형으로서 우리가 본능적이라 부르는 일군의 현상들 역시 마찬가지로 그런 도움을 필요로 하고 있다. 그런 형질들이 어떻게 해서 지속되는지를 생물학은 적절하게 설명하지 못하고 있지만 불교의 재생-연속체 개념에 연결시키면 매우 설명이 용이해진다. 생명이 물질적 및 정신적 두 인과[因果] 질서의 산물이며, 유전적 형질을 전달하는 유전패턴이라는 것은 불교적 관점에서 보면 과거의 업이 조건이 되어 만들어낸 정신적 에너지를 전달하고 있는 물질적 매체인 것이다.[20]

부처님께서 고의 원인을 금생에서만 아니라 이전의 존재 상태[前生]에서도 찾을 수 있었던 것은 이처럼 존재의 연속을 볼 수 있는 특별한 지혜로 비추어 보셨기 때문이었다. 그분께서는 어떤 원초적 충동, 유정으로 존재하고자 하는 갈애, 거기에서 그 원인을 발견해내신 것이다.

---

20 이 주제에 관한 더 상세한 설명은 프란시스 스토리, 《재생론의 옹호*The Case for Rebirth*》(Wheel Publication 12/13 BPS) 참조.

그럼 성스러운 진리가 밝히는 고의 원인은 무엇인가? 진실로 갈애가 바로 그것이니, 새로운 재생을 일으키고 그리고 즐김 *nandi*과 갈망*rāga*과 결합되어 때로는 여기서 때로는 저기서 만족을 찾는다. 이 갈애에 세 종류가 있으니 감각적 갈애[欲愛 *kāma-taṇh*], 존재하고자 하는 갈애[有愛 *bhava-taṇhā*], 자기 멸절을 구하는 갈애[無有愛 *vibhava-taṇh*]이다.

《장부》22경, II권 308쪽

감각적 갈애는 감각기관이 감각대상과 접촉함으로써 생기는 것으로 여섯 가지이니, 즐거움을 주는 생김새·소리·냄새·맛·촉감·정신적 인상에 대한 갈애이다. 이 여섯은 감각–인식의 영역[處]이라 불린다. 존재하고자 하는 갈애는 세 가지 형태를 취하는바, 생이 구현되는 영역별로 분류한 것으로서 욕계에 존재하고자 하는 갈애, 색계에 존재하고자 하는 갈애, 무색계 또는 정신적 세계에 존재하고자 하는 갈애의 셋이다. 자기 멸절을 구하는 갈애란 것은 사람이라는 현상적 존재체의 제온諸蘊들이 바로 영혼을 구성하며 이 영혼은 죽음으로 멸절한다는 잘못된 견

해에 수반하는 욕구의 군群이다.[21]

또 다른 분류에서는 갈애를 두 가지 요점에서 파악한
다. 재생의 근저에 있는 제1의 갈애와 행위로 드러나는 갈
애의 두 가지 항목으로 나눈다. 첫 번째 갈애는 존재의 되
풀이 과정을 진척시키고 지탱해주는 갈애로 12연기에 나
타나는 갈애가 그것이다. 거기서는 "(존재의 진정한 본질에
대한) 무지[無明]가 조건이 되어 업 형성들[諸行][22]이 일어나
고, 업 형성들이 조건이 되어 의식[識](재생 연결식이라는 특
별한 의미에서의 의식, 마치 전기스파크처럼 한 생명연속체를 제
2의 다른 생명-연속체에 이어주는 교량역을 하는 정신적 충격)이
일어나고, 의식이 조건이 되어 (새로운 생명연속체의) 마음과

---

21 리스 데이비즈는 스펜스 하디를 좇아 *Vibhava-taṇhā* (자기 멸절을 구하
는 갈애)를 '내생은 없고 존재는 그것만으로 끝난다는 관념에 의거한
현생에 대한 사랑' 따라서 '(이 현생에서의) 성공에 대한 갈구'라고 해석
한다. (《불교의 경전들》 〈동양의 성전〉 11권 148~149쪽 주註에서)그러
나 주석서에서는 '자아-실체란 것이 있으며 그것은 죽음으로 인해 멸
절한다는 믿음에 수반해서 생긴 자아-소멸에 대한 욕구'에 역점을 두
고 있다.

22 제행*saṅkhārā*: 연기론의 문맥에서 이 용어는 '업-형성*kamma-formations*'
으로 번역하는 것이 바람직한 바, 정신적 활동의 어떤 형태를 '습관-형
성'이라 부르는 경우와 비슷하다. 여기서 재생을 생산하는 의도적 활동
*kamma*들에 역점을 둔다.

몸[名色]이 일어나고, 마음과 몸이 조건이 되어 여섯 감각
인식 영역[六處]이 일어나고, 여섯 감각인식 영역이 조건이
되어(감각기관과 감각대상 간의) 접촉[觸]이 일어나고, 접촉이
조건이 되어 느낌[受]이 일어나고, 느낌이 조건이 되어 갈
애[愛]가 일어나고, 갈애가 조건이 되어 집착[取 굳어져 습관
이 된 갈애]이 일어나고, 집착으로부터 생성[有](생명-기동(起
動)자극)이 일어나고, 생성으로부터 태어남[生]이 한 번 더
일어나고 태어남으로부터 늙음과 죽음[老死]이 옴으로써"
하나의 순환이 매듭지어진다. 연기공식은 이런 방식으로
과거생, 현재생 그리고 미래생이라는 세 주기에 걸치는 인
과관계들을 요약하고 있으며, 여기서 갈애는 동기부여 요
인 역할을 한다.

**아아난다여, 갈애가 느낌으로 인해 있게 된다는 것은 이러해
서이다.**

《장부》15경 〈대인연경大因緣經〉

그런데 느낌이 존재하려면 마음과 몸[名色]이 이미 있어
야만 하며, 그 마음과 몸 자체는 이전의 갈애에 의해서 초

래되었음이 분명하고, …… 이래서 원인과 결과의 연속은 과거로 무한대로 연장된다. 이것이 바로 '연기'가 제시하는 개념이다. 그것은 시간적 연속 체계라기보다는 오히려 관련 조건들의 체계이며 또 실제로 인과의 두 가지 양식인 순차적 인과와 동시 발생적 인과를 다 의미한다. 그리고 과거, 현재, 미래의 구분점 역시 십이연기 중 새로운 일어남이 자리 잡는 두 핵심점 즉 '명색名色'과 '태어남[生]' 중 어디를 잡아도 무방하다. 그러나 뒤에서 보겠지만 연기가 끝날 수 있는 핵심점은 '갈애'와 '무명'이라는 가장 유력한 위치를 점하는 두 가지의 심리적 요인에서이며 이 둘은 동시적이면서 서로 떠받치는 관계에 있다.

불교의 윤회관이나 우주관에는 조물주와 관련된 문제는 끼어들지 않는다. 끊임없이 생성하고 소멸하는 과정을 한낱 상관 조건들의 복합체로 이해하게 되면 최초의 원인을 놓고 이런 저런 이론을 내세우는 일들이 모두 부질없는 짓거리로 되고 만다. 인과의 논리 속에서는 그 어떤 원인도 그 이전 원인의 결과로 보기 때문에 절대적 시초란 있을 수 없는 것이다. 따라서 창조신 자신도 그를 창조한 또 다른 창조자를 가져야 한다. 만일 그런 창조자를 갖지 못한다면 그의 존재에 관한 논거는 인과적 근거상으로는 무너지게 된다. 궁극적 의미에서의 시초가 반드시 있어야 한다는 생각은 일부 현대 철학자들이 지적한 것처럼 인간 이해력의 한계에서 비롯된 것이다. 이제 우리는 《청정도론》이 서술하고 있는 경지를 알아차릴 단계에 이른 셈이다.

> 여기 윤회의 창조자가 될
> 신도 범천도 없구나.
> 원인과 조건 따라
> 빈 현상들만[23]이 흘러갈 뿐.

관점을 달리해서 보면, 창조행위는 매 순간 실현되고 있다고 말할 수도 있다. 마치 베르그송 철학의 창조적 진화체계에서처럼. 이때 원동력은 '갈망하는 충동'이 될 것이며 따라서 우주의 기본 에너지로 볼 수 있다.

이렇게 말한다고 해서 지금 이 형태의 우주에 시작이

---

23 [역주] 《청정도론》 19장 603쪽 참조.

없었다는 말은 아니다. 그것은 어디까지나 자연법칙*niyāma*에 따라 존재하게 되었고, 여기서 한 가지 분명한 점은 그것이 무에서 생겨난 것은 아니란 것이다. 그것은 우주체계 중에서 유일한 것도 최초의 것도 아니며, 시초가 있을 수 없는 무한순환의 연속물 중 한 편인 것이다. 한 우주 체계가 끝에 이르게 되면 다른 우주 체계가 또 들어서는 것이다.

과학은 현재의 이 우주체계가 시작된 경위에 대해 몇 가지 잠정적 이론을 제시한다. 그 중 가장 널리 받아들여지고 있는 것이 팽창우주설(일명 빅뱅설)과 정상定常 우주설에 입각한 두 가설이다. 그리고 그 '시작'은 상당한 확실성을 가지고 약 50억 년 전[24]으로 잡고 있다. 그런데 불교의 우주 해석에 의하면 이 우주는 시작형태야 대 폭발이 됐든 다른 방식이 됐든 간에 그것을 구성하는 물질 또는 에너지는 그 이전 우주의 구성 요소에서 유래한 것이며 또 이 우주의 활동을 시동 거는 힘도 이전 우주에 속

---

24 [역주] 이 책이 쓰인 후 계속 기간이 늘어나서 근래에는 137억년 전 (《*Astronomy*》誌, 2007년 5월판)으로 계산하고 있다.

한 존재들의 업력이라고 주장 한다. 우주 체계의 수축 *saṁvaṭṭa*과 팽창*vivaṭṭa*은 유정물의 생명이 밟는 진화 및 퇴화의 과정과 비슷한 경로를 따른다. 한 우주 체계가 종말에 이르면 이를 구성하고 있던 물질은 붕괴되고, 그것의 극미 단위들은 일정한 분포상태로 우주 내에 분산되거나 압축된다. 여러 겁劫 동안 우주는 이런 잠자는 상태로 있다. 그러나 시간이 흐르면서 휴지상태의 에너지가 다시 한번 활동상태로 접어들어 인력引力과 척력斥力의 물리법칙이 작용하기 시작한다. 물질의 엉김이 형상을 이루기 시작하고, 다시 거기서 섬[島]우주들[25]이 나타나 형체를 갖춘다. 훨씬 더 시간이 지나서야 유기적 진화가 시작되며 진화과정이 순환의 끝에 다다르게 되면 다시 우주 구조는 붕괴되고 이런 모든 과정[成住壞空]이 되풀이된다. 이와 같은 모습으로 진화와 퇴화는 서로 꼬리를 물고 끝없이 반복하여 돌고 돌지만 이 과정들은 언제나 생명체에서 야

---

25 [역주] 섬우주: island universe, 임마누엘 칸트가 안드로메다 좌 속에 있는 M31 성운을 또 하나의 은하수라고 확신하고 (18세기 당시 뿐만 아니라 20세기에 들어와서도 천문학자들은 우주에는 은하계가 하나뿐이라고 믿었었다) 거기에 붙일 이름으로 섬우주라는 명칭을 제안했다. 오늘날에는 우리 은하계 밖의 성운들을 부르는 데 쓰이고 있으며 여기서는 물질적 전 우주를 구성하는 무수한 은하계들을 뜻한다.

기된 업력에 의해, 다시 말해 의지의 에너지에 의해 동여져 있다. 그리고 모든 의도된 행위는 욕구가 그 동기이므로 이런 순환 과정을 끊임없이 새로이 열고 또 지속시키는 것도 바로 갈애의 힘이며, 이것은 말 그대로의 사실이다.

갈애의 우주 창시 역할에 관해서《아비담마타상가하 *Abhidhammatthasaṃgaha*》[26]는 다음과 같이 설명하고 있다.

무명으로 인해 중생은 존재의 무상하고 실체가 없는 본성을 있는 그대로 이해하지 못한다. 중생은 세상 사물이 실재하며 지속되는 것으로 여기고 그것들을 즐긴다. 그래서 그것들에 대한 갈애를 만들어낸다. 갈애로 인해 중생은 어떤 것은 얻으려 하고 또 어떤 것은 피하려 든다. 이러다 보면 생명과정의 지속, 즉 생존 투쟁의 연쇄 속으로 빠져들게 된다. 중생의 갈애와 집착은 육체가 허물어져도 끝나지 않고 다음 번 생에

---

26 [역주] 아비담마타상가하*Abhidhammatthasaṃgaha* 攝阿毘達磨義論: 아누룻다 스님(11세기 전후의 스리랑카 또는 인도 출신)의 저작으로 알려진 논서. 후기 남방불교 전통의 축을 이룬다 할 만큼 큰 영향을 끼쳐온 저술.

서 투쟁을 계속한다.

한 생 동안 지은 선행과 악행은 그 다음 생에서 어떤 유형의 존재로 태어날 것이며, 그 정신적 기질은 어떠할 것이며 또 그의 모든 (업의) 결과식[異熟識]까지도 결정한다. 이 식은 자기 성질에 맞춰 새 생명에서 정신적 육체적 온들[諸蘊]을 일으킨다. 이 정신적 육체적 온들을 연緣으로 하여 여섯 감각인지영역을 획득한다. 다시 여섯의 여섯 감각인지영역에 의지하여 감각 대상과의 접촉[觸]을 이룬다. 접촉은 느낌을 낳고, 느낌은 갈애를 일으키고, 갈애는 집착을 일으킨다. 집착은 생명-진행을 지속시킨다. 생명-진행은 존재의 죽음으로 끝나지 않으며 다음 생에서 흐름을 계속한다. 이렇게 해서 그는 새로운 생을 다시 시작하여 온갖 슬픔과 비탄, 괴로움과 근심, 절망을 겪으면서 늙어가고 죽는다. 무명의 굴레에 묶여있는 한, 그는 생사의 윤회 속에서 영원히 맴돈다.

《아비담마타상가하*Abhidhammatthasaṃgaha*》Ⅷ.1

인간이 우주를 이해하는 데 실패하는 까닭은 근본무지, 즉 무명無明 탓이다. 이 무명이 그 정도가 크든 적든 모든 관념적 사유를 지배하고 있기 때문이다. 모든 관념적 사유는 정도의 차이는 있을지언정 근본 무지에 지배당하고 있기 때문에 인간은 관념적 사유로는 우주를 올바로 이해할 수 없다. 무명은 갈애와 연결되어 있어서 갈애에 기인한 정신적 번뇌가 늘어나면 무명도 그만큼 짙어지고, 번뇌가 줄어들면 무명도 엷어진다. 하나의 특정 결과를 산출해내기 위해서는 둘 또는 그 이상의 요소들이 거들어야 한다는 것은 불교의 연기체계에서 불변의 법칙이다. 이미 살펴본 것처럼 한 유기체가 탄생하기 위해서는 전생에 이루어진 정신적 에너지가 생물학적인 물질적 과정과 결합하여 유정물을 형성해야 한다. 마찬가지로 우주체계의 탄생에서도 존재들의 과거의 총체적 생각-에너지[意業]가 새로운 진화주기를 초래하는 쪽으로 우주의 물질 요소를 활성화시킨다. 그러므로 이 모든 과정에는 물리적 법칙에 순전히 의존하는 정도만큼의 기계적 과정이라 봐야 할 부분이 있는가 하면 정신적 원인들과 의지意志의 개입에 의존하는 만큼의 가변적 부분도 있다. 의도한다는 것은 욕구하는 것이다. 따라서 욕구야말로 실제로주된 결정 요인이다. 만일 욕구가 전혀 개입하지 않는다면 자연의 자동적 과정이 전면을 지배하게 되어 우주는 한낱 생명 없는 기계적 작용으로 시종始終하고 말 것이다.

십이연기에서 각 요인들이 배열되는 모습을 살펴보면 상호 의존의 형태가 분명하게 드러난다. 십이연기에서는 과거 인因에 의해 조건 지어지는 요인들이 의지 행위에 의해 수정될 수 있는 요인들에 의해 끊임없이 대체되고 있기 때문이다. 따라서 과거 인에 해당하는 부분에서는 무명이 의도적 사유와 행위[行]를 일으키는데, 여기서 무명이라는 요인은 사유와 행위에 대한 지속적인 영향력이다. 그리고 나서 죽을 때에는 재생 연결식[識]을 구성하는 한 심찰나心刹那가 일어나는데, 심찰나의 성질은 이전에 행해진 의도적 사유와 행위에 의해 결정된다. 이런 식으로 과거의 업이 미래에 어떤 성향을 띠게 될지 그 모습을 결정하고, 재생 연결 심찰나는 이들 성향을 새 생명으로 옮겨준다. 종자 씨앗 안에 화학적 과정을 통해 장차 자라나올 풀의 모습을 간직하고 있는 것과 같다. 물론 그 모습은 뒤이어 일어나는 상황에 따라 어떤 세목에서는 바뀔 수도 있다. 이렇게 해서 새 존재에 밀어 넣어진 새로운 마음과 몸[名色]은 자연히 감각기관들[眼等 六內處]과 그에 상응하는 감각적 지각 영역[色等 六外處]을 갖추게 된다. 이들 육내 외처에서부터 외부세계와의 접촉과 그 접촉에 수반하여 느낌이 일어나게 된다. 지금까지 언급한 접속부·연결부 또 는 연결 고리들은 과거의 인과질서에 속하는 두 가지, 즉 '무명' 및 '의도적인 심적 형성력[行]'과 그리고 그들의 결과 로 생긴 재생 연결식[識]에서 느낌[受]에 이르는 다섯 요인 들[識, 名色, 六處, 觸, 受]을 표현한 것이었다. 따라서 이 후 자의 다섯 요인들은 과거생의 업에 의해 조건 지어진 것들 이다. 그런데 바로 여기서부터 자유의지의 요소가 개입하 기 시작한다. 느낌들은 그 성질에 관한 한 미리 결정되어 있는 데 반해 그 느낌에 대한 심적 반응은 그렇지 않다. 일반적으로 즐거운 대상에 대한 반응은 욕구일 것이고 어 떤 식으로든 욕구에 의한 행동을 유발하겠지만, 만약 도 덕관념이 우리에게 그 행동은 나쁜 것이라고 일러줄 경우 에는 의지가 그 행동을 막을 수 있다. 심지어 욕구 그 자 체마저 의지 활동에 의해서 또는 관심을 어떤 딴 것으로 돌림으로써 감소, 억제, 제어될 수도 있다. 따라서 이 지 점 이후에 이어지는 연기의 연결고리들, 즉 갈애[愛], 집착 [取], 생성[有]은 미리 결정되지 않는다. 그것들은 전체 그림의 능동적 측면을 대표하며 이 부분에서 인간은 자신의 개인적 운명을 결정하게 된다. 이 점을 강조할 필요가 있는 이유는 불교의 업설을 숙명론으로 오해하는 경우가 많기 때문이다. 이보다 더 진실과 동떨어진 얘기는 있을 수 없을 것이다. 불교는 그 무엇보다도 개개인의 도덕적 책임감과 자신의 운명을 창조하는 힘이 바로 그 자신에게 있다는 점을 특히 강조하기 때문이다. 이제 마지막으로 남은 두 연결고리 즉 '태어남'과 '늙고 죽음'이라는 두 항목 안에서 우리는 갈애-집착-생성의 연속에서 생겨난 원인들이 빚는 미래의 결과들이 요약되어 있는 것을 보게 된다.

따라서 연기를 시간적 전후 관계 면에서 고찰하면 과거, 현재 및 미래생과 관련지어 세 단락으로 나눌 수 있다. 그런데 매우 중요한 두 이질적 질서가 이 세 단락에 걸쳐서 일어난다. 이 세 단락은 다시 기능면에서 크게 두 가지로 분류된다. 원인을 생성하는 능동적 부류와 그 원인의 결과에 해당하는 피동적 부류이다. 무명과 의도적인 심적 형성들은 능동적 부류에 속하며 태어남[生]과 늙고 죽음[老死]은 피동적 부류에 속한다. 그리고 이 둘의 중간 단락은 사실은 현생을 다루는 부분이 되는데, 여기에는 피동적인 부류와 능동적인 부류 둘 다가 포함된다. 식識으로부터 수受로 이어지는 다섯 연결고리는 피동적 결과들이고 그 뒤를 잇는 세 가지인 애, 취, 유는 능동적·창조적인 과정을 나타낸다.

다시, 시초의 무명 및 의도적인 심적 형성들은 과거에 이루어진 능동적인 원인형성 과정이 요약된 것이고 맨 끝의 늙음과 죽음은 미래에 따라오는 피동적 결과물로서의 일련의 상황을 요약하고 있다. 이렇게 해서 연기의 한 고리는 영속적이고 자기 유지기능을 하는 하나의 인과 복합체로 스스로 완결된다. 이때 이들 복합체의 각 인과 연결고리들은 시간적 전후 관계로 보아도 되고, 서로 받쳐주는 요인으로서의 동시 존재적 관계로 보아도 된다.

온당하게 이해한다면 연기 과정은 절대적 인과결정론도 절대적 자유의지도 전제하지 않는다. 연기 과정은 조건들이 서로 끼치는 영향이라는 것도 궁극적으로는 선과 악의 두 행동방향 중 개인이 행사하는 자유선택에 의해 좌우된다는 점을 기술하고 있는 것이다. 도덕적 책임을 감당할 수 있는 모든 존재들에게 생이 부과하는 이와 같은 결단의 고뇌야말로 그 자체가 고의 한 형태임이 분명한데, 이러한 선택에 의해 각 개개인이 자신의 재생의 성질을 스스로 또 홀로 결정하게 되는 것이다. 그 재생이 인간상태보다 상위의 세계에서 이루어질지 아니면 보다 하열한 세계에서 이루어질지 또 인간으로 다시 태어난다면 그 재생이 행복한 것이 될지 불행한 것이 될지는 전적으로 바로 지금 여기서 행해지고 있는 신身·구口·의意 삼업에 달려 있다. 간단히 말해 갈애를 어느 정도 제어하는가에 달린 것이다. 그리고 곧 살펴보게 되겠지만 불교는 하나의 방편체계를 제시하는데, 그 방법을 따르면 갈애가 완벽하게 없어지게 되고 또 연기의 진행도 좋은 결과로 끝을 맺게 된다.[27]

다음 세 번째 장章인 멸滅의 단계에서 윤회로부터 벗어

---

27 이 중요한 주제를 좀 더 잘 이해하려면 삐야닷시 큰스님의 《연기》 (법륜·스물둘, Wheel No. 15, BPS)의 정독을 권한다.

날 수 있는 가능성을 다룰 것인데 그 문제로 넘어가기 전에 갈애의 또 다른 역할, 즉 갈애가 유기체의 진화에 어떤 작용을 하는지 살펴보는 것도 도움이 될 것이다.

불교적 해석을 떠나서 보면 인생은 외양상으로는 어떤 윤리적 가치도 목적도 갖지 않는 것처럼 보인다는 사실을 앞에서 주목한 바 있다. 그렇지만 유기적 구조의 진화 양태를 들여다보면 거기에는 일정 방향을 지향하는 성질이 강력하게 작용하고 있는 것처럼 보인다. 자연은 지극히 간단한 단세포로부터 정교한 감각장치와 합리적 사고가 가능한 두뇌를 갖춘 고도로 복잡한 형태를 진화해 내었으니까. 그러나 이런 진화 과정은 많은 실패와 시행착오로 가득 찬 긴 세월 끝에 겨우 이루어졌고, 거기에 채택된 방법들은 낭비적이든 생산적이든 둘 다가 극도로 고통스러운 것들이어서 좀 더 잘 짜인 계획이 있었더라면 훨씬 고통이 덜어지지 않았을까 싶기도 하다. 그래서 진화과정을 전반적으로 개관해 볼 때, 어떻게 보면 방향이 서있는 것 같기도 하고 또 어떻게 보면 실수투성이에다 서툴러 보이기도 한다. 신을 암시하기에 충분하리만큼 질서정연한 면도 있긴 하지만 친절하고 전능한 지혜라면 훨씬 더 모양새 있게 해냈어야 하지 않았을까 싶기도 하다.

과학은 목적론적 이론들은 경원시하고 자연현상들이 산출되는 방식에 주로 주의를 기울인다. 그 결과 유전학, 생화학 및 그 유사 과학들이 관찰한 사실들에 의해 뒷받침 받는 자연도태설 같은 몇 가지 가설이 나오게 되었다. 과학은 진화의 작용방식[modus operandi]을 설명하는 데에는 어느 정도 도움을 주고 있으나 이 진화과정이 안고 있는 '왜why'의 문제에 대해서는 철저히 입을 닫고 있다. 그 과정을 밀고 있는 배후의 혹은 내면의 힘의 문제도 여전히 오리무중이며 기껏 내놓는 것이 저 모순투성이의 계획설 정도이다. 이 계획설은 결과만 놓고 본다면 발상은 분명히 좋았는데 너무 형편없이 집행된 셈이고 또 진화를 위한 진화 외에는 아무런 목적도 제시하지 못한다. 이제 누구도 계획설을 통해 해결책을 찾으려들지 않게 된 형편인데 어떻게 더 이상 진지하게 다루고 있을 수 있겠는가.

그러나 완전히 새로운 빛이 이 문제에 비춰졌으니 뇌파

도腦波圖에 기록되는 두뇌 안에서 일어나는 전기적 활동을 활용한 최신 연구에 의해서다. 이들 연구에 의해서 신경자극과 인지과정이 전기자극과 연관이 있다는 사실이 확실하게 입증되었기 때문이다.

자, 그런데 두뇌가 전기에너지에 의해 기능하는 것이라면 — 아니면 전기와 같은 방식으로 활동하는 어떤 다른 형태의 에너지에 의한 것일 가능성도 똑같이 크긴 하지만 — 그리고 전적으로 뇌세포 속에서 생성된 자극만으로 뇌파전위 기록 장치가 작동될 수 있다고 한다면, 우리는 정신 활동이 마치 라디오파가 퍼져나가는 것과 대단히 흡사한 방식으로 그 진원으로부터 퍼져 나갈 수 있다고 추론할 강력한 논거를 갖게 된다. 그렇게 되면 정신 활동은 구체적으로 말해서 감지 가능한 것 중에서는 빛이나 소리와 같은 것에 비교될 수 있고 또 감지할 수 없는 것으로는 우주 복사 같은 것에 비교할 만한 일종의 방사 에너지가 되는 것이다. 이 이론은 최면술이나 정신 감응을 비롯한 초감각적 지각과 같은 각종 현상들을 한꺼번에 설명해 주게 될 것이다. 그리고 이러한 가설을 유기적 진화에 적용한다면 이 이론이 여는 가능성의 세계는 더욱 더 넓어지게 되고, 다시 이 가설을 불교에서 말하는 갈애, 즉 마음에 의해서 생성되고 우주의 물리적 물질에 대해서 영향을 끼치며 또 물질을 통해서 작용할 수 있는 실제적 힘이라는 개념으로서의 갈애에 결부시키면 그 가능성은 더더욱 분명해진다.[28]

행동주의 심리학은 '생의 의지'로 표출되는 욕구야말로 분석 가능한 수준의 정신적 반응을 보이는 모든 형태의 생명체들에 있어서 동기로 작용하는 기본적 추진력이라는 주장을 편다. 이 욕구는 본능적 형태로 나타나기 때문에 깨닫지 못한 채 지나칠 수도 있고 그 모습이 의식하는 마음에 적나라하게 나타날 수도 있다. 이 욕구가 의식의 표면 아래에 자리 잡고 있을 때에는 프로이드 학파에

---

28 오십여 년 전(1910년)에 고故 우 쉐 잔 아웅은 다음과 같이 쓰고 있다. "생각이 방사현상이라고 인식한다는 것은 그 자체만으로도 대단한 일임을 나는 인정한다. 이 생각이 어느 날 생각에 반응하는 어떤 미지의 물질을 이용하여 우리의 생각 '파동'과 그 지속을 측정하는 기구를 발명하도록 발명자들을 이끌지 않으리라고 누가 장담할 수 있겠는가." 《철학개요Compendium of Philosophy》 284쪽 (《아비담마타상가하》의 첫 영역본, 1910. 우 쉐 잔 아웅과 리스 데이비즈 부인 공역)

서 말하는 '이드'나 융의 '리비도' 개념처럼 모든 본능에 숨어있는 에너지로서 기능한다. 그것은 원초적 생의 충동이라고도 할 수 있는데 이름이야 어떻든 실제로는 갈망의 힘이며 정확하게는 부처님께서 재생의 뿌리가 되는 원인이라고 천명하신 갈애*taṇhā*이다.

모든 의도적 행위에는 어떤 종류의 욕구가 그 동인으로 작용하고 있다. 따라서 생각이라는 것도 마음이 근본 무지로 뒤덮여 있는 한, 실제로 욕구로부터 분리될 수가 없다. 또 하나의 새로운 정신-물리적 유기체를 일으키는 것이 마지막 순간의 식이라면, 그 새로운 생명 연속체 내에서 인과의 연속을 재개시키는 것은 그 마지막 식識의 순간에 방출되는 생각-충격인 것이다. 창조 과정 전반에 걸쳐 이와 같이 영구히 에너지 재충전을 지속하게끔 만드는 추동력은 '때로는 여기서 때로는 저기서' 만족을 찾아 식識차원의 삶을 경험하려드는 욕구 바로 그것인 것이다.

진화의 첫 단계에서는 각각이 분화는 되었으나 아직 개체로서의 특성은 띠지 못한 과거에 생기된 갈애의 흐름이 우주의 물리적 질료에 작용하여 무기물로부터 최초의 단세포 원생동물을 탄생시킨다. 일단 이 단계에 들어서면 생명에너지는 우리가 익히 알고 있듯이 시행착오의 과정에 의해 점점 더 복잡하고 특수한 형태들이 만들어지고 정교하게 다듬어진다. 이때 생명에너지를 이루는 '갈애-충격'은 '윤회'의 흐름과 유전법칙이 서로 병행하면서 상호보완적으로 전개되는 과정을 통해 전달되는 것이다. 어디서든 생명에 필요한 화학적 구성요소들이 적절한 조건들과 더불어 있게 되면 어떤 형태로든 생명이 모습을 드러낸다. 이 원리는 불교가 항상 가르쳐 왔듯이 우주에 동시적으로 존재하는 무수한 세계 어디에서나 두루 행해진다.

그래서 여러 분야에서 얻은 이상의 자료들로부터 이제 우리는 목적론적으로도 만족할 만하고 알려진 사실과도 부합되는 설명체계를 구성해 볼 수 있다. 요약하면, 생명의 초보적 형태가 고등동물이나 인간처럼 복잡한 구조로 진화한 것은 갈애라고 하는 추진력의 주도하에 이루어진 일이었다. 감각적 경험을 갈구하는 무의식적 욕구를 충족시키자니 더 많고 더 성능 좋은 감각기관들이 필요했고,

그래서 생명의 추진력이 생물학적 진화과정을 통해 그러한 제작 작업을 해냈다. 생명은 자신의 목적을 충분히 고려한 지각 있는 조물주가 충분히 구상하여 만들어낸 것이 아니라, 재생의 길을 따라 살아있는 한 존재로부터 다른 존재로 전해진, 더듬거리는 눈먼 힘이 만들어 낸 것이다. 그래서 진화가 걸어온 길가에는 수많은 '실패작'들, 지나친 특화 때문에 아니면 다른 이유로 환경에 맞지 않게 되어 마침내는 멸종의 운명을 맞은 동물들이 널려 있다.

과학은 진화의 목적을 설명해 줄 타당한 이론을 아직 가지고 있지 못하며, 새들이나 동물들이 교육이라는 불가결한 과정을 밟지 않고도 둥지를 튼다든가 철따라 이동한다든가 하는 등등의 꽤 복잡한 작업을 수행하면서 보여주는 바와 같은 본능적 행동유형이 어떻게 해서 지속되는지도 설명하지 못하고 있다. 뿐만 아니라 유전학에서 분분한 논쟁거리가 되고 있는 문제, 즉 후천적으로 습득된 성질이 유전적으로 전달되는 것인지 여부도 결론짓지 못하고 있다. 관찰을 통해 증거가 뒷받침되는 데도 불구하고 많은 유전학자들이 그것을 거부하고 싶은 심정에 끌리고 있는 것이다. 그들은 이런 전달이 이루어지는 데 필요한 요구조건들을 충족시켜 주는 생물학적 메카니즘이 아직 발견되지 않고 있다는 이유를 유일한 반대논거로 든다. 이 문제에 대해서도 불교교의가 도움을 줄 수 있다. 본능적 행위나 습득된 성격의 두 가지가 다 동일성이라는 같은 흐름에 거듭 재再 생기生起함으로써, 다시 말해 같은 종種, 같은 민족 또는 문화집단, 심지어 같은 가족 내에서의 재생을 통해 어떻게 유전될 수 있는지 분명히 밝혀주기 때문이다. 어떤 성벽性癖이든, 그것이 동물의 것이든 인간의 것이든 간에 한 생애 동안 습득하여 그것이 심화되면 여러 생애를 통해 그 모습은 반드시 드러나게 되며, 어떤 새로운 업력이 그 생명-흐름의 물줄기의 진로를 새 하상河床으로 바꾸어 줄 때까지 계속된다.

불교는 인간의 삶과 동물의 삶의 차이는 종류의 문제가 아니라 질質의 문제라고 가르친다. 인간은 별종의 특별한 창조물이 아니다. 이 지구라는 행성에서 유기적 생명이 도달한 최고봉의 일례일 뿐이다. 인간만이 유일하게 도덕적 선택력을 가지고 있다. 이에 반해 동물들은 탐욕·성냄·미망이 주도하여 이루어진 과거 활동의 결과를 수동적으로 고통스럽게 받고 있기만 한다. 다른 말로 바꾸면 동물들은 이전 생의 나쁜 업의 산물인 것이다. 그들의 개별적 생명-흐름들은 그들을 산출해낸 특유의 정신적 경향들이 밟아야 할 과정을 다 마칠 때까지는 저급한 수준에 남아 있는 것이다. 나쁜 업의 결과가 모두 소멸하면 이전에 사람의 몸으로 살았을 때 지었던 좋은 업 중의 일부 잔여분, 즉 모든 존재가 가지고 있는 휴지상태의 소모되지 않은 잠재력이 움직이기 시작하여 생명-흐름은 다시 한 번 보다 높은 차원으로 부상하게 되는 것이다. 이러한 진행과정을 올바로 이해하기 위해서는 우리가 일반적으로 가지고 있는 개체적 자아실체의 관념 — 그것을 영혼이라 부르든 아니면 달리 무어라 부르든 간에 —을 버리지 않으면 안 되며 또 불교가 주창하는 '생성[有 becoming]'이라는 흐름이 재생-연속체를 구성하는 전부라고 생각하기 시작해야만 할 것이다. 인간세계와 동물세계 사이에 존재하는 것이 분명한 그 간격에 이렇게 다리를 놓아줌으로써 윤회와 업에 대한 불교 교의는 과학적 사고가 요구하는 방식의 유기적 통일성을 생명에게 제공한다. 동시에 이 우주가 일견 아무런 목적도 없는 것처럼 보이지만 사실은 도덕적·정신적 법칙의 물질화 현상이라는 것을 분명히 입증한다.

불교 심리학에서는 갈애의 흐름을 서른여섯 가지 갈래로 보고 있는데 그 중 열여덟 가지는 '나'라는 주관적 개념에 의존하는 내적인 것이고 다른 열여덟 가지는 주·객 관계와 관련된 외적인 것이다.[29] 그런데 이 모든 형태와 단계의 갈애가 모두 삶을 영위하고 있는 존재들을 재생의 바퀴에 단단히 잡아매는 집착[取]의 핵심을 이룬다. 탐욕·성냄·미망과 같은 불선不善한 정신적 부수물[心所]과 연결된 저급한 형태의 갈애인 경우 특히 그러하다.《증지부》에 다음과 같은 말이 나온다.

> 존재가 실존 속으로 뛰어드는 곳, 그곳이 어디이든 거기서 그들의 업은 익을 것이다. 그리고 그들의 업이 익는 곳, 거기에서 그들은 그 업들의 과실을 따게 될 것이다. 그것이 금생이

---

29 서른여섯 가지 갈애의 흐름에 대한 자세한 설명은 빠알리 7론 중《분별론 Vibhaṅga》의 제17 잡사분별품雜事分別品에 나온다.

되든 다음 생이 되든 또는 미래의 어느 생이 되든 간에.[30]

《상응부》에 다음과 같은 장중하게 확언하는 말씀이 나온다.

언젠가는 대양이 메말라 사라져 더 이상 존재하지 않게 되는 때가 올 것이다. 언젠가는 이 거대한 대지가 불에 타 사그라져 흔적이 없어지는 때가 올 것이다. 그렇지만 무명에 덮이고 갈애에 묶인 채 윤회를 계속 서두르고 재촉하는 존재들의 고苦는 끝남이 없으리라. [31]

---

30 [역주] 《증지부》 3법집 33경. I 권 134~135쪽
31 [역주] 《상응부》 〈온상응〉 22경 III권 149쪽

92 사성제

'고의 멸'이라는 성스러운 진리

[滅聖諦 *Dukkha Niroda Ariya Sacca*]

부처님의 깨달음[大覺]은 세 단계로 이루어졌다. 이른 밤[初夜] 부처님께서는 이전의 존재 상태를 알 수 있는 지혜[宿命通]를 획득하셨는데 이러한 상기력想起力은 대단히 깊은 선정의 결실로 생겨난 것이었다. 다시 한밤중[中夜]에 그분은 존재들이 지은 바 업에 따라 한 존재 상태로부터 다른 존재 상태로 옮겨가는 방식에 관한 지혜[天眼通]를 얻으셨다. 그분이 고의 진리와 업을 통해 작용하는 도덕적 인과율이라는 두 가지 진리를 분명히 파악하신 것이 바로 이 시점에서였다. 끝으로 밤의 마지막 부분에[後夜] 그분은 존재의 기저가 되는 원인들, 즉 연기과정에 관한 지혜를 확철하셨다. 그리고 곧 그분께서는 존재의 생기生起가 조건에 의해서 이루어지며, 그 조건들의 뿌리가 갈애와 무명이라는 것[集聖諦] 그리고 이 연기과정을 끝낼 수 있는 방법[道聖諦]에 대해서도 확연히 알게 되셨다.

그리고 동틀 무렵에 중생을 위한 자비심에서 마음을 연기에 집중하여 생성해 가는 순서[順觀]와 멸해 가는 순서[逆觀] 두 길로 이를 명상하다가[順逆觀] 해가 뜨면서 위 없는 깨달음을 달성하셨다. 그러고서는 과거의 헤아릴 수 없이 많은 부처님들이 하셨던 것과 같은 말씀, 승리의 말 씀을 이렇게 발하셨다.

헛되이 수없는 생을 윤회하며 헤매었구나.
이 집 짓는 자를 찾아서.
거듭 태어남은 실로 괴로운 일.

집 짓는 자여. 내 이제 너를 찾아내었다.
다시는 너, 집을 지을 수 없으리.
너의 서까래는 모두 붕괴되었고 대들보는 무너져 내렸다.
내 마음은 조건에 매어 있지 않기에[32] 이르렀다.
갈애는 소멸되었다!

---

32 [역주] 조건에 매어 있지 않기에: 빠알리 원문에 해당하는 *visaṅkhāra* 는 주석서에서는 열반과 동의어로, 한역에서는 '이행離行'으로 옮겼고, 빠알리어사전(PTS)에서는 'divestment of all material things'로 풀이함. 저 자는 주석서를 따르되 열반과 동의어로 쓰이는 '조건에 매이지 않은 *asaṅkhata*'으로 해석했다.(이 책 99쪽, 107쪽 참조)

집은 몸이고, 짓는 자는 갈애, 서까래는 열정, 대들보
는 무명이다.

왜냐하면, 갈애[愛 *Taṇhā*]가 완전히 시들어 소멸됨으로써 존재
에 대한 집착[取 *Upādāna*]이 소멸되고, 집착이 그치면 생성과정
[有 *Bhava*]이 소멸되고, 생성과정이 소멸됨으로써 재생[生 *Jāti*]
이 소멸되고, 재생이 소멸됨으로써 늙음[老]·죽음[死]·근심[愁]·
비탄[悲]·고통[苦]·슬픔[憂]·절망[惱]이 소멸된다. 이렇게 해서 고
의 무더기 전체의 소멸이 일어난다.

그리고 그로 인해서 느낌[受], 지각[想], 심적 형성작용[行], 의
식[識]이 그치고 극복된다. 이것이 고의 그침이요, 병의 끝남
이요, 늙음과 죽음의 극복이다.

《상응부》 12 〈연상응〉 II권 72쪽

고의 끝남이 열반*Nibbāna*이다. 산스크리트어로는 니르
바나*Nirvāna*인데 원래 '불다'는 뜻을 가진 어근 와*vā*에 부
정접두사 니르*nir*를 붙여서 만들어진 어휘이다. 불교적 의

미로는 열반은 생성 과정의 종식을 뜻하는 바, 마치 연료 공급이 중단되거나 공기가 통하지 않게 되어 불이 한창 타다가 꺼지는 경우와 같다. 이 불이란 바로 탐욕·성냄·미망의 세 겹의 큰 불길인데, 연료가 떨어져서 더 이상 탈 수 없게 되면 생명을 약속하는 충동 역시 끝나 더 이상 재생이 있을 수 없게 된다. 이런 상태를 육체가 남아있는 열반[有餘依涅槃]이라 하는데 아라한이 그의 자연 수명의 나머지 기간 동안 경험하는 것과 같은 것으로 정신적, 육체적 온蘊들은 그대로 있지만 이 온들이 집착과는 더 이상 관계가 없는 상태의 열반이다. 그것은 절대적 평화·적정寂靜·완성이다.

여행을 끝내어 모든 근심에서 벗어난 그,
모든 슬픔의 원인에서 헤어난 그,
어느 모로나 완전히 해방되어
일체의 집착을 부숴버린 그에게
어떤 열뇌熱惱도 있을 수 없다.
......
대지와 진배없어 어떤 노여움도 품지 않고

마을 어귀의 솟대[33]처럼 성품이 안정되고,

뿔 없는 깊은 못처럼 청정한 분,

그런 분에게 윤회의 헤맴이 더는 있을 수 없다.

마음이 고요하고

말도 행동도 고요하다.

올바른 무상지無上智로

완전히 해탈하여 평화로우신 그분께서는.

《법구경》 아라한품 90, 95, 96 게송

아라한이 그의 삶의 끝, 생명과정의 최종적인 그침에 이르면 '육체마저 사라진 열반[無餘依涅槃]'을 성취한다. 다시 말하면 절대적 무조건의 열반으로 거기에는 개체적 인격요인 같은 것은 전혀 남아 있지 않다. 그렇다고 그것이 존재의 무화無化는 아니다. 왜냐하면 진정한 의미에서는

---

33 [역주] 솟대: 빠알리 원문은 *indakhīla*. 제석천의 기둥이란 뜻으로 도시의 입구에 세워두는 표식주標式柱. 견고하고 안정된 부동의 지혜를 상징한다. 도시의 입구에 세워 안정과 평화를 지켜주는 상징으로 삼았음. 솟대는 한국 삼한시대의 소도에 세웠던 큰 나무를 의미하며 신의 하강 계단 및 그 주처 그리고 신역神域의 표시였음. 서로 뜻은 다르지만 목적이 비슷하므로 무리하나마 솟대로 옮긴다.

그 어느 존재도 애초에 존재하지 않았고 오직 과정만 있었기 때문이다. 열반은 그 과정의 종결, 이전에 생명 연속 현상을 일으키던 집착의 온들[取蘊]의 소멸인 것이다. 그것은 고苦가 발붙일 곳을 찾지 못하는 유일한 상태인 것이다.

《초전법륜경》에서 부처님은 선언하신다.

비구들이여, 이것이 '고의 멸'이라는 성스러운 진리이다. 그 갈애를 완전히 끝내고, 포기하고, 버리는 것이며, 그 갈애로부터 완벽한 헤어남이며, 그것으로부터 완벽한 초탈이다.[34]

여기 부처님의 첫 법문에 나오는 열반에 대한 근본적 기술에서 우리는 의미심장한 윤리적 어휘들로 표현된 심리학적 세계를 접하게 된다. 그 어휘들은 세상을 대하는 태도와 감각적 지각을 구성하는 내용물들을 대하는 태도와 주로 관련된 것들이다. 그러면 열반계*Nibbānadhātu*, 다시 말해 그 자체의 특성 면에서 고려할 때 열반은 도대체

---

34 소마 테라가 영역英譯한 《초전법륜경》(Bodhi Leaves No. B. 1)에서 인용.

어떤 것인가?

　그런 면에서, 다시 말해 궁극적인 면에서의 열반은 '조건으로부터 자유로운 것*Asaṅkhatadhātu*'이라고 정의된다. 즉 그것은 변화라든가 조건지움에 좌우되지 않기 때문이다. 또한 그것은 일원적이다. 모든 현상적 사물들처럼 복합된 것이 아니라는 의미에서다. 그러나 열반에 대해 확정적 어투로 정확한 개념규정을 하는 것은 불가능하다. 우리가 생각이나 의사소통에서 쓰는 의미표시 용어들은 모두가 조건에 매여 있는 세계에 속하는 사물이나 개념들에 기초하고 있다. 따라서 우리는 다른 것과 비교·대조 되지 않은, 그래서 다른 것과 관련되지 않은 개념을 구성할 수단이 없다. 우리들의 경험 내용은 모두 다 관계성의 복합체인 것이다. 생각은 끊임없이 서로 상반된 것 사이를 오간다. 명·암, 열·냉, 선·악, … 이 모두는 서로 정반대 내지 어떤 정도의 대비를 표시하는 상대적 가치들이며, 이들 중 어느 것도 그와 같은 상대성과 분리되어서는 실질적 의미를 띠지 못한다. 감각적 경험세계에서는 어느 것도 다른 것과 관련되지 않고서는 어떤 성질도 가질 수 없기 때문에 이 감각세계를 제대로 이해하자면 이를 순전히 상대적 실재의 영역으로 간주하는 수밖에 다른 방법이 없다. 세부 성질은 두 개인이 전혀 다르다는 것에 주목해야 하지만 분명히 이 세계는 어느 한 특정 수준의 알아차림의 분상, 식識이 정상적으로 기능하는 그 분상에서는 분명히 진짜로 실재한다. 그러나 여기서도 명심해야 할 것은 그 세계의 세부적 성질에 관해서는 어떠한 사람이든 단 두 사람 사이에서도 똑같지가 않다는 점이다. 그러나 있을 수 있는 또 다른 식識의 차원들에서는 이 세계는 필연적으로 비실재적일 수밖에 없는 것 — 아니 아예 존재하지 않는 것 — 이 될 수도 있다. 물리학자는 이 우주를 전자력電磁力의 관점에서 보며 수학자는 수학 공식으로 환치시킨다. 이때 이 두 사람은 세계를 보통사람들에게 보이는 모습 그대로를 실상인 듯이 다루고 있는 데도 한편으로 그들이 전문적 작업과정에서 그려내고 있는 그림은 일반인들의 그것과는 확연히 다른 어떤 것이다. 그들은 자신들의 감각적 기능이 보고해 바치는 대로 받아들임으로써 감각의 세계를 살아야 하면서 또 그 감각의 그림이 진짜가 아니라는 것을 알려주고 있는 지성이 그려내는 또 다른 세계, 이 둘을 동시에 살아야 하는 것이다. 우리가 감각을 통해 받아들이는 정보는 나름대로 타당성을 갖고 있다. 그러나 궁극적 의미에서는 그것을 바탕으로 그려낸 그림은 감각의 요술이 만들어낸 산물이다. 우리가 보고 감촉하는 '고체'라는 대상물들이 실제로는 물질보다 오히려 공간으로 더 많이 이루어져 있다. 이 사실은 지금 알려진 것 중 가장 작은 원자인 수소원자의 구조에서 분명히 드러난다. 수소원자는 핵으로부터 전자궤도까지의 거리가, 크기로 비례해 보면 태양과 지구간 거리의 두 배, 즉 9천6백만 마일이 되는 셈이다. 이것은 '고체' 물질이 우리 태양계보다도 더 많은 공간을 담고 있다는 말과 같다. 따라서 우리가 감관을 통해 인식하는 것은 '있는 그대로의 사실'이 아니라 그것의 상대적 모습, 즉 우리 자신의 특정 의식 양태에 상대적으로 대응하는 것일 뿐이다. 우리 눈에 띄는 물질세계가 실제로 존재하지 않는다고 말한다면 그것은 잘못된 말이다. 우리의 의식[識]에서 그것은 사실로 존재하고 있기 때문이다. 하지만 그것이 현상계의 객관적 실재로서 실존하는 것이라고 말한다면 오히려 진실에서 더 동떨어진 것이 된다.

사정이 이와 같기 때문에 열반에 관해 사유할 때는 개념을 사용하지 않고 생각하는 것이 가능하다면 그렇게 개념 없이 사유를 해야 한다는 것은 분명해진다. 그렇지만 그것이 가능하지 않다는 사실로 인해서 불행히도 일부 오해가 야기된다. 부처님께서도 열반에 대해서 어떤 식으로든 적극적인 정의를 내리기를 계속 거부하셨고, 또 이 세계가 영원한지 영원하지 않은지, 아라한이 열반에 들어서도 계속 존재하는지 않는지 하는 등의 문제에 대해서도 입장을 밝히기를 거절하셨기 때문에 불가지론자라 불리기도 했다. 이런 질문에 대한 그분의 대답은 질문 자체가 잘못 제기되었다는 것이었다. 실제로 그 질문들은 논의되는 대상들 및 그 대상들을 언급하는 데 사용되는 용어들의 실재성 및 비실재성에 관한 오해에 근거하고 있다. 따라서 적극적 또는 소극적 형태의 어떤 대답도 일단 입 밖으로 나가면 마찬가지로 잘못된 길로 이끄는 결과가 될 수밖에 없다. 만일 이 생이 진실된 의미에서 '유有'라면 열반은 비유非有—단멸斷滅이 되어야 할 것이다. 그러나 그것은 진상이 아니다. 반대로 만약 이 생이 전적으로 허위라면 결국 비유非有로 귀착될 것이고, 그럴 경우 열반은 절대적 유有가 될 것이다. 어느 한 편을 취해야 한다면 후자가 다소 진리에 근접하기는 하지만 그것도 전적으로 맞는 말은 아니다. 이 생은 '비유非有'가 아니다. 고의 경험이 실제적이기 때문이다. 또 열반을 유有라고 말할 수 없는 것은 개체적 동일성에 대한 인식의 경우처럼 유有와 관련지어 생각할 수 있는 특성을 전연 지니지 않기 때문이다. 열반은 개아성이 전혀 없다. 여타의 질문들도 비슷한 반박을 면할 수 없다. 즉 그 질문들은 실다운 타당성을 띠지 못하는 상태와 속성을 언급하고 있기 때문에 수용할 수 없는 것이다. 부처님이 그러한 질문들에 대답하지 않은 것은 몰라서가 아니라 그릇된 길을 밟기를 원치 않으셨기 때문이었다. 그러나 그런 중에서도 한 가지 중요한 점은 매우 분명히 견지하셨다. 즉 당신의 가르침 체계에 창조주 신이 들어설 자리는 없다는 것이다. 부처님께서는 '위에서 지배하는 힘'이라는 개념은 숙명론과 비활동 쪽으로 이끄는 것이라 하여 명확히 배격하셨다.

소위 '입장을 밝히지 않은無記[35] 문제들'이라 불리는 것

---

35 [역주] 무기無記 *avyākata*: 부처님께서 10가지 또는 14가지 형이상학적 질문에 대해 대답하는 것이 도움이 되지 못한다 하여 대답하지 않은

들이나 열반의 성질에 대해서 '설하지 않은*Anakkhāta*' 점 등은 절대적 진리[眞諦]와 개념적 또는 상대적 진리[俗諦]의 두 가지 진리를 인정하는 불교의 지혜에 의해서 정확하게 자리매김이 되어 있다. 개념적 진리는 상대성의 영역을 포용하며 그것의 타당성 여부는 일반적으로 용인된 관계성의 양식에 좌우되고 또 상당 부분 의미론의 법칙에 지배된다. 그래서 부처님께서 '자기가 자신의 구원자이다*attā hi attano nātho*.'(《법구경》 게송 160)라고 말씀하실 때, 이 자기 *attā*라는 용어는 의미론적 구실상 불가피하여 쓰고 계신 것이다. 그렇게 하지 않고는 현상으로서 인간에 대한 생각을 표현할 길이 없기 때문이다. 가령 영어에서 '비가 온다.'를 습관에 따라 'It is raining.'이라 하는데 이때 it가 구름을 가리키는지 하늘을 가리키는지 아니면 기상학적 제 조건의 총화를 가리키는지 규정짓기 어려운 경우와 매우 유사하다. 인간이라는 존재는 계속 변하고 있는 여러 온들의 화합체로 전이轉移의 흐름이기 때문에 어떤 본체론적 실존도 가지고 있지 않다. 궁극의 관점[眞諦]에서 보면 서술

것.

적으로 말해 그것은 시·공 연속체 속에 일어나는 사건들의 흐름이라고 묘사될 수 있는 것이며 이런 기술記述의 영역을 넘어서면 어떤 의미에서도 그런 존재는 실존하지 않는다. 즉 그것은 그저 인습상의 실재일 뿐이다. 이 점을 거듭 말하게 되는 것은 불교의 생명관은 물론이고 궁극적 목표에 관련된 개념 또한 이와 같은 관점에 서 있기 때문이다.

여기서 상대적 실재의 언어들로 짜인 질문에 대해 절대적 진리를 구체화시킬 수 있는 대답을 주고자 한다면 질문에 쓰인 언어들과 같은 언어로는 대답할 수 없다는 결론이 나오게 된다. 궁극적 의미에서 '구경의 진리 *paramaṭṭha sacca*'는 표현할 길이 전연 없다. 심지어 현상에 관한 분석적 서술조차도 단지 상대적 진리*sammuti sacca*에 속하는 더 조잡한 그릇된 개념[誤槪念]들을 제거해냄으로써 도달한 현상의 근사近似에 불과하다. 예를 들어 불교의 윤리–심리 체계인 아비담마[論藏]에 담겨있는 것도 그와 같은 종류의 '서술적인' 구경의 진리인 바, 거기서는 오늘날 역동적 심리학의 조류를 예견하기나 한 듯 존속하는 실체라는 개념에는 아예 매이지 않고 마음의 여러 상태를 다루고 있다. 아비담마에서 우리는 '생각하는 자'가 없는 생각을 또 '행위자'가 없는 행위를 발견하게 되는데 이런 생각이나 행위는 마치 앙리 베르그송의 철학에서처럼 의식의 생명흐름life-flux의 외관들에 지나지 않는다.

열반은 기술記述할 수 없다. 다만 실현될 수 있을 뿐이다. 그리고 열반을 실현하게 되면 열반과 관련한 의문들이나 존재 일반의 본질에 대한 의문들이 시원한 대답을 만나는 것이 아니라 오히려 그 의문들이 처음부터 진정 있을 수 없는 것이었다는 것을 깨닫게 된다. 그 의문들이야말로 궁극적 진리가 감각자료의 영역에 그리고 그 영역의 용어들에 매여 있는 개념적 사유에 의해서 이해될 수 있을 것이라는 잘못된 믿음에서 나온 가공적 구조물이었을 뿐이다. 철학자들의 저 용감한 시도들이 나름대로 심오하고 복잡하기 그지없는데도 불구하고 '실재'에 관해 완벽하고 만족스러운 최종적 해명을 주는 데 성공할 수 없었던 것도 바로 이 때문이다.

열반의 경험이 본질적으로 남에게 설명할 수 없는 성질의 것인데도 불구하고 빠알리 경전에는 그에 관한 기술記述적 낱말들이 꽤 많다. 이 낱말들은 쉽게 이해되면서도 의미심장할 뿐 아니라 윤회의 상황으로부터 해탈이라는 이상에 대하여 시적詩的 열망을 담은 비철학적인 언어로 전달해주고 있다. 열반은 불사不死일 뿐 아니라 피안, 불로不老, 행복, 견뢰堅牢 등이다. 그러나 언제나 그럴 수밖에 없지만 궁극적으로 그것은 '언어로 표현될 수 없는 것 *anakkhāta*'이고 '조건에 매이지 않은 것'이다. 원인의 원인을 찾다보면 우리는 결과만을 발견할 뿐이다. 궁극의 열반은 원인과 결과가 하나 되는 곳이며, 원인과 결과가 서로 소멸시킴으로써 공간, 시간 그리고 사유의 범주를 전부 절멸시킨다.

> 비구들이여, 조건에 매여 있거나, 조건에 매이지 않았거나 간에 모든 상태 중에서, 벗어남[離慾 *virāga*]이 제일이다. 즉 자만의 배제, 갈증의 해소, 집착의 근절, 생사윤회의 단절, 갈애의 종식, 탐욕으로부터의 해방*virāga*[36], 멸절, 세간의 욕구로부터

---

36 [역주] 벗어남, 해방: 빠알리 원문은 둘다 *virāga*이다. 한역에서는 이

의 탈출*nibbāna*이다.

열반의 본성에 관하여 적극적 확언을 하신 적도 없지
않다. 그것은 부처님께서 무시無時·불변의 무위계無爲界와
생生·노老·사死의 세계를 대비하시는 곳이면 어디에서나
발견되는데, 한 예로 《감흥어*Udāna*》(Ⅷ. 3)에서는 이렇게
말씀하신다.

비구들이여, '태어나지 않은', '만들어지지 않은', '연기緣起되
지 않은', '형성되지 않은' 경지가 있나니. 그처럼 '태어나지 않
은', '만들어지지 않은', '연기되지 않은', '형성되지 않은' 경지
가 없다면 태어나고, 만들어지고, 연기되고, 형성된 것으로부
터의 탈출도 있을 수 없을 것이다. 그러나 비구들이여, 실로
이처럼 '태어나지 않은', '만들어지지 않은', '연기되지 않은',
'형성되지 않은' 경지가 있기에 태어나고, 만들어지고, 연기되

욕離慾, 이탐離貪 등으로 옮기는 말인데 저자가 바로 앞 문장에서는
liberation, 뒷 문장에서는 *emancipation*으로 각기 다르게 표현하여 중복
감을 완화시키는 한편 욕망을 멀리 하고 마침내 완전히 떨쳐내 버리어
자유로워지는 면을 각별히 부각시키려는 의도였다고 보고 *liberation*은
'벗어남'으로, *emancipation*은 '해방'으로 옮긴다.

고, 형성된 것으로부터의 탈출이 진실로 있는 것이다.

이와 같은 확실한 보증을 주셨기에 사성제의 세 번째 진리 — 고의 종식이라는 적극적 목표 — 가 더욱 생생한 진실성을 띠고 우리의 마음에 다가오는 것이다.

'고의 멸에 이르는 길'이라는 성스러운 진리

[道聖諦 *Dukkha Nirodha Gāminī Paṭipadā Ariya Sacca*]

비구들이여, 그러면 '고의 멸에 이르는 길'이라는 성스러운 진리란 무엇인가? 그것은 성스러운 팔정도, 즉 바른 견해, 바른 사유[37], 바른 말, 바른 행위, 바른 생계, 바른 노력, 바른 마음챙김, 바른 집중이다.[38]

이 네 번째 성스러운 진리는 열반을 실현하는 구체적 방법의 개요를 말한다. 그러나 이 진리를 천명하기에 앞서 부처님께서는 먼저 그 당시 유행하던 몇 가지 그릇된 관념들, 특히 진리 탐구에 중대한 장애가 된다는 것이 입증된 것들부터 치워내셨다. 당신께서 고행을 그만 두셨을 때 등 돌리고 떠났던 다섯 비구들을 대상으로 하신 최

---

37 [역주] 빠알리어로 삼마 상깝빠 *sammā saṅkappa*인데, '바른 의도 right intention'으로도 많이 쓰인다. 〈고요한소리〉에서는 이를 '바른 사유'로 쓰고 있다.

38 [역주] 《장부》 22경, II권 311쪽. 《상응부》 56 〈진리상응〉 V권 426쪽.

초의 법문에서 부처님께서는 피해야 할 양극단의 길이 있다는 것을 설명하셨다. 한쪽은 감각적 탐닉의 길로, '상스럽고, 저열하고, 속되고, 존경받을 만하지 못하고, 이롭지 못한 길'이며, 다른 한쪽은 극단적인 육체적 고행을 닦는 길이니, '고통스럽고, 존경받을 만하지 못하고, 헛되고, 이롭지 못한 길'이다.

이들 처지와 대조를 이루는 것이 있다.

'중도'로서 부처님이 발견하신 이 길은 사람들로 하여금 볼 수 있고 알 수 있도록 해주며, 평화로, 지혜의 체득으로, 완전한 깨달음으로, 열반으로 이끌어준다. 고통과 괴롭힘이 없는 이 길, 비탄과 고뇌가 없는 이 길, 이 길이야말로 완전한 길이다.[39]

현대 심리학의 관점에서 보면 부처님께서 극단적 고행을 나무라신 데에는 당신의 말씀에 나타나 있는 것 이상으로 심오한 뜻이 있다. 오늘날까지도 실행되고 있는 어떤 요가 고행 중에는 병적인 자기혐오의 요소가 내포되어 있

---

39 [역주] 《상응부》 56 〈진리상응〉 V권 421쪽. 《중부》 139경. III권 231쪽.

다. 어쩌면 고통을 경험하는 데서 자학적 쾌감마저 느끼는지도 모른다. 동기야 무엇이건 그런 수행을 하다보면 비정상적일만치 육체에 마음을 쓰게 된다. 해방되기는커녕 오히려 마음을 그것의 물리적 기반에 더욱 단단히 붙들어 매게 될 따름이다. 이와 같이 전도된 감각탐닉이 표출될 때에는 그것을 둘러싸고 수행에 방해가 되는 뭇 방해 관념들이 떼 지어 일어나게 마련이다. 가령 몸과 별도로 존재하며, 몸과 싸우고 있는 영혼 또는 정신실체라는 관념 같은 것들이다. 이렇게 되면 다시 육체는 영혼의 적일 뿐 아니라 꼭 알맞은 증오의 대상이라는 믿음이 생겨나게 되고, 그래서 영혼은 이 적을 조복하기 위해 새로운 고문 방법을 끊임없이 개발하지 않을 수 없게 된다. 이와 매우 유사한 양상은 초기 기독교 고행주의의 매질, 거친 마소 직麻巢織 옷 착용, 장기 단식, 수난을 자초하는 일 등에서도 볼 수 있다. 그들에게 육체는 상존하는 적이었다. 적이라고 부를 때는 이미 그것에 중요한 비중을 두고 있다는 뜻이다. 그 적의 손아귀로부터 벗어날 길이 없을 때에는 더욱 그러하다. 육체 역시 정신으로부터 이런 취급을 당하다보니 따로 유리된 길을 걸을 수밖에 없고 그것도 적

개심에 찬 행로를 취하게 된다. 그래서 수시로 틈만 나면 반격을 가하고 괴로운 심리적 타격을 안겨준다.

그렇지만 불교는 남에게 폭력쓰기를 피하듯 자신에 대해서도 마찬가지로 폭력쓰기를 피한다. 몸을 제어할 수 있어야 한다는 것은 두말 할 것도 없지만 그 제어방법은 폭력적이 아닌 다른 방법에 의해야 한다. 몸은 그 자체가 정신을 멍들게 하는 병균의 소굴이 아니라 단지 그 운반체일 뿐이다. 갈애의 성채를 점령하는 일은 마음에 대고 할 일이지, 몰이꾼이 모는 대로 움직일 뿐인 불쌍한 소와 같은 몸에 대고 할 일이 아니다.

따라서 팔정도는 삶이 걷는 길로서 마음에서 시작하여 마음을 초월함으로써 끝난다. 그 길이 갖추어야 할 첫 번째 조건은 존재의 본질에 대한 지적인 파악을 의미하는 바른 견해[正見]이다.

그럼 바른 견해[正見]란 무엇인가? 진실로 그것은 '고苦'와, '고의 집기集起'와, '고의 소멸[滅]'과, '고의 소멸에 이르는 길[道]'

을 이해하는 것이다.

《장부》22경, II권 311쪽

또 다른 곳에서는 선하거나 불선한 행위의 뿌리들, 즉 도덕적 인과율에 대한 이해를 의미한다고 설명하고 있다. 《상응부》22〈온상응〉에서는 다시 "색·수·상·행·식이 모두 무상하다(따라서 고를 면할 수 없으며 또한 자아를 가지고 있지 않다)고 이해할 때 그때도 역시 그는 바른 견해를 지닌 것이다."고 말씀하신다.

그러면 바른 사유[正思]란 무엇인가? 진실로 그것은 애욕과 갈망이 없고, 악의가 없고, 잔인성이 없는 사유이다.

거기에는 두 종류가 있다. 사바세계와 관련되는 바른 사유는 선한 행위로 실현되고, 그래서 좋은 세속적 결실을 가져온다. 또 하나는 열반을 최종 목표로 하는 보다 높은 청정한 길을 지향하는 바른 사유이다.

그러면 바른 말[正語]이란 무엇인가? 진실로 그것은 거짓말을

멀리 하고 진실을 고수하며, 말 전주[40]를 금하고 불화 대신 화합을 조장하며, 거친 말씨를 삼가고 점잖고 예의 바른말을 쓰도록 하며, 공허하고 무책임하며 어리석은 얘기를 삼가고 항상 가치 있는 주제, 즉 깨치신 분의 법과 같은 주제를 놓고 조리 정연하게 말하는 것이다.

그러면 바른 행위[正業]란 무엇인가? 진실로 그것은 살생을 삼가고 훔침과 착복을 삼가고 부모형제자매 또는 친척의 보호를 받고 있는 여인, 결혼한 여인, 왕의 금령이 내려져 있는 여인, 약혼 중인 여인, 다른 사람의 첩 등과 성적인 관계를 삼가는 것이다.

여기서 살생, 훔침, 금지된 부류의 여성과의 성관계를 삼가는 것은 세속적 바른 행위라 하고, 이는 (금생이나 다음 생에서) 좋은 세속적 결과를 맺는다. 이에 비해 이런 일들에서 등을 돌리는 것, 해탈에의 길에 집중된 깨끗한 마음으로 이런 행위를 전적으로 배제하는 것, 이것은 출세간의 바른 행위라 부르며 청정한 도[向]와 과果를 맺는다.

---

40 [역주] 말 전주: 이쪽 말은 저쪽에, 저쪽 말은 이쪽에 전하여 이간질 하는 짓.

그러면 바른 생계[正命]란 무엇인가? 진실로 그것은 그릇된 생계 방식을 거부하고 바른 방식으로 사는 것이다.

여기서 그릇된 생계는 도살이나 그 밖의 유정물들의 안녕에 해가 되는 방식으로 생계를 꾸리는 것을 뜻한다.

그러면 바른 노력[正精進]이란 무엇인가? 진실로 그것은 네 가지 고귀한 노력[四精勤]이니 피하려는 노력, 극복하려는 노력, 계발하려는 노력, 유지하려는 노력이다.

첫 번째 것은 지금까지 일어나지 않은 나쁜, 비난할만한 상태[不善法]들이 일어나지 않도록 노력하는 것이니, 바꿔 말하면 의식[識]에게 감각대상이 표상될 때 집착이 생겨나지 않도록, 그래서 그 결과로 탐욕과 슬픔이 일어나는 일이 없게끔 미리 피하려는 노력을 말한다. 두 번째 것은 그와 같은 과정을 거쳐 이미 생겨난 나쁜 그리고 비난할만한 상태들을 극복하려는 노력이다. 세 번째 것은 깨달음에 도움이 되는 좋은 그리고 유익한 마음상태[善法]들을 계발하려는 노력이다. 네 번째 것은 이러한 마음상태들이 생겨났을 때 이들을 참을성, 힘씀, 애씀에 의해 유지하려는 노력이다.

그러면 이제 바른 마음챙김[正念]이란 무엇인가? 진실로 그것은 몸에 대한, 느낌에 대한, 마음에 대한 그리고 마음 대상들[法]에 대한 수관[觀][41]이다. 이때 수행자는 세속의 탐욕과 비애를 털어 버리며 열심히, 분명한 의식으로, 주의 깊게 몸, 느낌, 마음, 법을 수관하면서 산다.

이는 사념처를 말하는 것으로 경에 "청정을 이루도록, 슬픔[愁]과 비탄[悲]을 극복하도록, 고통[苦]과 근심[惱]을 끝내도록, 바른 길과 열반의 실현에 들도록 이끄는 유일한

---

41 [역주] 수관隨觀: 빠알리어 *anupassanā*(*anu*+*passati*에서 파생)를 직역한 말. *anu*는 '따라서, 좇아서', *passati*는 '보다, 알다'의 뜻.

경에서는 몸[身]에서 몸을 수관하고, 느낌[受]에서 느낌을, 마음[心]에서 마음을, 법法에서 법을 수관함을 언급하고 있는바, 그 뜻은 몸을 관함에 있어 몸을 한낱 객관적 대상으로 삼으면 상想 *saññā*이 그 사이에 끼어들게 되고 그러면 관념이 개입되어 이른바 상놀음에 빠지게 되므로 이를 피하려면 몸에서 몸을 바로 직관해야 함을 강조한 말로, 초기 불교에서 지혜를 내는 수행법 중 특히 강조하고 있는 부분임.

이 용어를 본문에서는 contemplation이라 옮기고 있는데 이 경우 contemplum이라는 라틴어가, 옛 로마의 복점관卜占官이 점찰占察의 목적으로 새들의 나는 모습을 관찰하기 위해 공중의 한 부분을 구획한 것을 가리킨다는 어원 해석도 참고할 만하다.

길"(《장부》22경 〈대념처경〉 II권 290쪽)이라고 설해져 있다.

그러면 이제 바른 집중[正定]이란 무엇인가? 진실로 그것은 마음의 몰입, 하나의 대상에 마음을 고정시킴이니 이것이 바른 집중이다.

집중의 대상은 사념처이며, 집중의 예비조건은 네 가지 고귀한 노력[四精勤]이다. "이들을 닦고 계발하고 키우는 것이 '정定'의 발전요소가 된다."[42]

팔정도의 여덟 부문은 제각기 아주 명확한 의미를 지니고 있으며 이 의미는 불교의 철학적 심리학적 체계 전반과 논리적으로 잘 결부되어 있다. 그래서 '바른 견해Right View'는 단지 '좋은 생각을 갖고 있는 것'보다는 더 뚜렷한 어떤 것이다. 그것은 인생의 실상에 대한 자세하거나 개괄적인 지적知的 파악을 나타낸다. 도道의 끝에서 우리는 '바른 집중'을 만나게 되는데, 이것은 의식의 초월적 상태의 전조인바, 그 상태에서는 지성에만 의지해서 불완전하

---

42 [역주] 《중부》 141경, III권 251~252쪽. 《상응부》 V권 9~10쪽.

게 이해되던 진리가 이전의 상태를 벗어나 곧바로 직관적 경험의 대상이 된다. 이런 상태에 도달되었을 때에만 '바른 견해' 그 자체가 완전해진다. 따라서 도道의 여덟 부문은 순차적으로 하나하나씩 또는 점진적으로 다룰 게 아니라 일괄적으로 계발해야 한다. 왜냐하면 한 가지가 완성되려면 나머지 것들도 동시에 다 같이 발전되지 않으면 안 되기 때문이다. 왜냐하면 하나의 완성은 각각의 동시적 발전을 통해서만 실현될 수 있기 때문이다. 연기의 공식을 구성하는 연결고리들의 경우와 똑같이 팔정도의 구성요소들도 단지 시간적 인과관계 속에 세워져 있을 뿐만 아니라, 서로 북돋는 관계라는 측면에서도 고려되어야 하기 때문이다. '바른 집중'은 애초에는 '바른 견해'로 출발했던 지혜를 더 높은 경지로 끌어올리고 발전시켜 준다. 끝이 시초 속에서 미리 예시된 셈이다.

팔지성도[道]는 관례적으로 계·정·혜, 세 부분으로 나뉜다. 바른 말, 바른 행위, 바른 생계는 계에 속하고, 바른 노력, 바른 마음챙김, 바른 집중은 정에 속하고 그리고 바른 견해와 바른 사유는 혜에 속한다. 불교 윤리에 대한 자세한 논의는 이 글의 범위 내에서는 불가능하므로 여기서는 불교에서의 '계'가 불교 철학 체계의 중심 개념인 무아, 즉 자아의 궁극적 '비실재non-reality'에서 곧바로 발원한다는 점만 지적해 두겠다. '나쁜' 또는 불선한 행위는 자기를 중심에 둔 자기 이익본위[利己]의 행위이며 그렇기 때문에 탐욕 또는 애욕, 증오심, 미혹에 지배된다. '좋은' 그리고 가치 있는 행위란 자기를 돌보지 않는 그리고 자비와 통찰에 의해 우러나는 것이다. 불교의 계는, 그 가치가 미심쩍은 신학체계에 한 가닥 줄을 대어, 시간이나 상황의 전개에 따라 얼마든지 휘둘릴 수 있는 독단적 품행 규범집이 아니다. 그것은 보편적이며 정도에서 벗어나지 않는 원리들에 뿌리박은 것이다. 왜냐하면 이 원칙들은 사건들로 가득 찬 덧없는 바깥 세계에 속하는 것이 아니라 인간성의 항수恒數라 할 수 있는 심리적 동인이란 내면세계에 속한 것이기 때문이다.

갈애와 집착은 어디서 끝나게 되는가. 부처님께서 하신 대답은 그들이 일어난 곳에서 끝나게 된다는 것이다. 즉 감각기관들과 그 대상들, 다시 말해 보이고, 들리고, 냄새

맡아지고, 맛보이고, 닿게 되고, 마음에 품어지는 것들 사이에 생겨나는 접촉[觸]이 바로 그 끝나는 곳이란 말씀이다. 이 말씀은 접촉으로 인해 감각작용[受]이 일어날 때 그 감각작용을 우리가 맨 그대로의 한낱 경험으로 볼 수 있게 되면, 즉 그 작용을 공허한 현상으로 볼 뿐 그 경험에 '나'를 개입시키거나 식별반응을 일깨우는 일이 없어지게 되면, 그들 감각작용을 향한 욕망이 뿌리부터 잘려나간다는 말씀이다. 분리되어 떨어져나가는[解離] 과정이 전개되는 것이다. 그래서 '몸을 수관'할 때에는 맨 주의, 어떤 잡념도 붙지 않은 주의를 몸에 기울이어 그것을 음식 속에 섞인 머리카락 보듯 본질적으로 매력 없는 물리적 요소들의 복합체로 공정하게 고찰한다. 몸을 구성하고 있는 요소들을 분석하고 그 구성체들의 혐오스러운 측면을 냉정하게 주시하노라면 몸에 대한 집착[取]이 약화되고, 집중의 정도에 따라 시간의 차이는 나겠지만 결국 완전히 제거되고 만다. 고행 외도의 수행에서처럼 몸을 하열하고 유해한 '자아'로 보는 대신 위에서 말한 바와 같이 수관隨觀하면 몸은 있는 그대로 정확하게 보인다. 매 순간 노쇠하고 부패해 가는 과정에 있는 물질로, 물리적 법칙과 과거 업이 어우러져 이루어낸 산물로 보게 되는 것이다.

　명상의 주제들, 보다 정확히는 마음수련*bhāvanā*의 주
제들은 서로 다른 기질들에 맞도록 얼마든지 다양해질
수 있겠지만 목적은 한결같으니 현상의 공성空性을 깨닫
는 것이며 관찰하는 자 및 관찰되는 대상 모두의 본질적
인 공성을 깨닫는 것이니, 이것은 많은 노력을 기울인 정
신적 몰입에 의해서만 도달할 수 있는 것이다. 실로 이 공
성*suññatā*은 선*jhāna*, 즉 몰입상태마저 넘어섰을 때 비로
소 충분히 이해하게 된다.

> 더 이상 (선의) 식[禪識]에 주의를 기울이지 않고 이제 그는 다
> 음과 같은 방식으로 반복해서 주의를 기울여야한다. '무, 무無
> *natthi*[43]' 또는 '공, 공空 *suññaṁ*' 또는 '원리, 원리遠離 *vivittaṁ*', 그
> 러면서 주의를 거기에 기울이고 그것을 잘 관찰하고 그리고
> 생각과 사유[44]로써 그쪽으로 밀어붙여야 한다.

---

43 [역주] 이러한 수행법은 니까야 경전에는 나오지 않는다. 후대에 나타난
　　이 수행법은 남북방 전반에 걸쳐 널리 보급된 것인데 이 방법이 지혜를
　　생生한다기보다는 무색계정에 드는 방법이라 할 수 있겠다.

44 [역주] 《청정도론》에서는 생각[思擇 *takka*]은 일반적 일상적 생각, 의식적

그리하여 "사대四大의 궁구窮究에 전념하는 비구는 공에 들어서, '살아있는 존재'라는 상想을 제거한다. 그런 존재들에 대한 상想을 버렸기 때문에, (그들 맹수, 야차, 나찰 등에 관한) 잘못된 관념을 품지 않게 되고 그럼으로 그는 공포와 두려움, 즐거움과 혐오심을 정복하고, 마음에 드는 것들 때문에 유쾌해지지도, 마음에 안드는 것 때문에 의기소침해지지도 않으며, 큰 지혜를 지닌 자로서 바로 불사不死에 이르거나 아니면 행복한 재생을 확보한다.

《청정도론》 XI. 117

미망, 굴레, 고통의 상태와 완전한 해탈의 상태 사이에 그 과정인 도道와 그 성취인 과果들이 깔려있는 바, 이들은 열 가지 족쇄를 점차적으로 제거해 나가는 정도에 따라 네 범위로 나뉜다. 열 가지 족쇄는 1. 자아가 있다는 미망 2. 의심 3. 의식儀式의 거행이 해탈에 효험이 있다는 믿음 4. 감관적 갈애 5. 악의, 6. 색계色界 존재에 대한 갈

사고와 무의식적 생각 모두를 포함하고 사유[尋 vitakka]는 의도적 사고, 목적 지향적, 집중된 생각으로 쓰고 있다.(《청정도론》 X. 33)

애 7. 무색계無色界 존재에 대한 갈애 8. 아만我慢 9. 들뜸 10. 무명이다. 처음 세 가지를 부숴낸 사람을 '흐름에 든 이[豫流者]'라 한다. 그는 해탈의 흐름에 들어섰으며 앞길은 정해졌다. 그는 이제 인간보다 낮은 세계에는 결코 몸을 받지 않으며, 완전한 해탈을 일찍 성취하지 못할 경우에라도 늦어도 일곱 생 내에는 그것을 이루게 된다. 여기에 더하여 그 다음의 두 족쇄마저 약화시키면 그는 '한 번 더 돌아오는 이[一來者]'가 된다. 욕계에의 재생을 한번 이상은 더 겪을 필요가 없어진 사람이다. 거친 족쇄로 알려진 앞의 다섯 가지를 모두 완전하게 부숴낼 때, 그는 '돌아오지 않는 이[不還者]'가 되어, 욕계[45]에 다시는 태어나지 않는다. 열 가지 족쇄를 모두 부숴버리게 되면 '아라한'의 상태를 성취한다. 이미 그는 성스러운 삶을 구성하는 도의 모든 과정들과 그 결실을 실현해낸 것이며 그에게 고통스러운 재생의 순환(윤회)은 끝난 것이다. 이들 고귀한 사람Ariya Puggala의 네 단계는 어떤 경우에는 간격을 둘 수

---

45 욕계: 애욕을 중심으로 한 욕망의 세계.
　[역주] '고'로 인해 업을 짓고 또 업보를 치르는 일이 주가 되는 세계로 삼계의 하나. 그에 비해 색계와 무색계는 정에 의해 들 수 있는 세계로 정신적 순화향상이 본격화되는 세계.

도 있고 어떤 경우는 곧 바로 뒤이어지기도 한다. 그러나 각 단계에서의 '과실[果]' 또는 성취는 심찰나적 연속 분상에서 도의 실현을 바로 뒤잇는다.[46] 통찰의 심찰나가 섬광처럼 비칠 때 수행자는 일체의 의혹을 넘어 자신이 성취한 것의 성격을 알며 더 닦아야 할 것이 있다면 그것이 무엇인지도 안다.

탐·진·치를 총체적으로 제거함으로써 아라한이 열반을 이룰 때, 그는 이와 동반하는 것으로 '제자의 깨달음[聲聞菩提]'이라 알려진 어떤 유형의 깨달음을 얻는다. 다시 말하면, 그는 존재의 연기적 원인들이 무엇인지 또 그 원인들을 어떻게 부수어내었는지를 완벽하게 안다. 그리고 그는 자아라는 미망이 부서져 내린 결과 자신의 기능들[諸根]이 신장되는 경험을 한다. 그 미망은 통상적으로 마음을 개인의 감각적 경험의 영역 속에 격리시킴으로써 마음에 대해 장벽 노릇을 해왔던 것이다.

---

46 [역주] 이 말은 남방 교학 전통에서 말하는 17심찰나 분상에서 매우 빨리 이어짐을 의미함.

그러나 무상無上 대각자의 깨달음은 훨씬 수승한 것이며 그 범위도 무한대이다. 아라한에 따르는 지혜에다 더하여 일체지sabbaññutā를 증득한 것이다. 이는 그분이 어느 전생에 서원을 세우고 절륜한 덕행을 닦음으로써 실현하게 된 원대한 결의가 맺은 결실이다. 일체 중생의 이익을 위해 '충분히 깨달은 이Fully Enlightened One', 세상의 스승이 되겠다는 결의인 바, 그와 같은 완벽 무결 지혜가 없이는 '법의 바퀴'를 굴릴 수가 없을 것이기 때문이다. 그러나 사물의 본질상 그의 지혜 중 훨씬 더 많은 부분은 남에게 전달해 줄 수 없는 것이다. 뿐만 아니라 그럴 필요도 없다. 그래서 자연적인 현상을 말씀하실 때에는 부처님은 청중들이 쓰는 그대로 용어와 개념을 구사하셨다. 그들 청중에게 생경한 개념을 써서 말씀하시면 이상하게 들리거나 놀라워할지도 모르기 때문이다. 유클리드 기하학도 채 이해하기 어려운 사람에게 일반상대성이론은 입에 올릴 거리가 아닌 것이다. 제자들로부터 당신이 아는 바를 모두 가르치셨느냐고 질문을 받자 부처님은 비유로 이에 대답하셨다. 손톱 끝에 흙을 조금 올려놓으시고는 그 흙과 땅에 남아있는 흙 중 어느 쪽이 더 많으냐고 물으셨다. 당연한 대답이 나오자 부처님께서 말씀하셨다. "이와 마찬가지로 여래가 갖고 있는 지혜도 가르친 것보다 더 많다."[47]

이 말씀이 빌미가 되어, 어쩌면 부처님께서 몇몇 선택된 제자들을 위해 따로 준비해 둔 비전祕傳의 가르침이 있었을 것으로 생각하고 이를 입증해보려는 시도들도 더러 있었다. 그러나 다음 말씀을 보면 모든 것이 분명해진다. "그렇지만 완전한 해탈에 필요한 것은 무엇이건 여래는 모두 다 가르쳤느니라." 그러시고는 다시 "밀교密敎와 현교顯敎 같은 것을 따로 세우지 않고 여래는 법을 가르쳤다. 여

---

47 [역주] 부처님께서 손톱 끝에 흙을 올려놓고, 주위의 모든 흙과 비교하시며 어느 쪽이 더 많으냐고 물으셨을 때에는, '인간으로 죽어 다시 인간으로 태어나기, 나라 중심지에 태어나기, 고귀하고 지혜로운 인간이 되기, 술 등 취하는 것을 마시지 않는 인간이 되기, 부모를 섬기는 삶을 살기, (…) 연장자를 존경하는 사람이 되기(…)'가 그만큼이나 쉽지 않고 그 수도 적은데, 그 까닭은 사성제를 알지 못하기 때문이라고 말씀하시며 가르침을 주신다《상응부》 v권 459~476쪽). 이에 비해 '여래가 깨달은 지혜가 훨씬 더 많고 가르친 것은 아주 적은데 이는 완전한 깨달음으로, 열반으로 이끌어 주지 않기에 가르치지 않았다.'라는 말씀은 부처님께서 꼬삼비의 싱사빠나무 숲에서 그 나뭇잎 몇 개를 손에 올려놓으시며 손 위의 나뭇잎과 숲에 있는 모든 나뭇잎 중 어느 쪽이 더 많으냐고 제자들에게 물으시며 하신 것이다《상응부》 v권 437~438쪽). 법륜·하나《부처님, 그분》, 〈고요한소리〉 2023, 59쪽 참조.

래에게는 무언가 따로 감추어 놓는 스승의 주먹쥔 손[師拳] 같은 것은 없다."고 말씀하셨다.(《장부》16경, II권 100쪽) 부처님께서 아시면서도 가르치지 않으신 것들은 해탈에 도움이 되지 않거나 윤회의 바다를 건너도록 중생을 이끄는 일과는 관계가 없는 것들이다.

부처님은 형이상학적 사변이 무익하다는 것을 아셨기에 이것을 권장하지 않으셨다. 그분은 이론을 제시하지 않으셨다. "여래는 이론을 세우지 않는다."는 문구는 경전에 자주 나온다. '진리를 직접 접하셨기'에 그분은 단순한 추론 내지는 불완전한 지식에 근거한 견해들을 내버리셨다. 이성은 좋은 길잡이이며, 그것이 실제로 도움이 되는 한 그보다 더 나은 길잡이도 없다. 또 이성에 반하는 것은 어떤 것도 진리로 받아들여서는 안 된다. 그러나 '구경究竟'의 목적지를 향한 본격적 여행의 등정지점은 이성이 다른 것의 도움 없이는 우리를 더 이상 전진시켜주지 못하는 바로 그 지점이다. 거기서부터는 한결 높은 마음[增上心 Adhi-citta]이 인계받아서 나머지 여정을 마무리지어야 한다. 여정이 끝날 때까지는 분별하는 개념적 마음의 추론

행위는 용인되어야겠지만 그것이 어느 정도까지는 장애가 된다는 점은 여전하다.

하지만 지식도 지혜에 공헌하게끔 만들 수도 있으니 오늘날 우리는 과학이 물리세계를 상세히 분석·검토해내기 이전에 살았던 선조들보다 어쩌면 부처님께서 가르치신 진리들을 이해하는 데 좀 더 나은 입장에 있을지도 모른다. 과학적 방법 — 사유를 주지의 사실에 연관시키는 정신적 훈련 — 은 그 나름대로 가치가 있다. 이런 방법을 절대 진리를 탐구하는 데 최초로 적용한 분이 바로 부처님이시다. 고통이라는 관찰된 사실에서 시작해서 존재의 구성 요소들을 분석해냄으로써 고통이라는 것의 원인들과 그 처방을 찾아내셨던 것이다. 그 결과가 '사성제'였고 거기에 법이 모두 요약되어 있다. 그리고 과학이 자체의 모든 발견을 실증적 증명에 의뢰하듯이 부처님께서도 당신의 가르침을 이론이나 종교적 독단 또는 몽상가의 꿈이 아닌, 누구나 스스로 확인할 수 있는 증명 가능한 진실로 제시하셨다. 불사의 문을 열어젖히고서는 그 열쇠를 한 사람 또는 어떤 특정 집단에게 주지 않으셨다. 그분은 그

문을 활짝 열어놓음으로써 누구든 스스로의 노력에 의해 들어갈 수 있도록 해 주신 것이다.

  법은 두말할 나위 없이 '심오하고 미묘하여 오직 지혜로운 자만이 알아볼 수 있는 것'이다. 그러나 부처님께서 쓰시는 언어체계에서 지혜는 학문적 배움을 의미하지 않는다. 거기서 지혜는 사물을 분명하게 보는 능력을 뜻한다. 이런 면에서는 어린아이가 때로는 철학자보다 더 지혜로울 때가 있다. 어느 길로 가야 할지 부처님께 최초로 암시를 준 것도 어릴 때의 명상경험이었다. 나이, 경험, 박식함, 이런 것들은 지혜와 짝할 수도 있고 안 할 수도 있다. 어린이의 천진함은 단순한 동물적 무지일 수도 있고, 전생에 얻은바 통찰력이 수반된 것일 수도 있다. 그러나 나이가 많든 적든 제근諸根을 온전히 갖추기만 했다면 학식이 높든 일자무식이든 인생의 진정한 본질을 찾아내고 그래서 열반에 이르는 길에 오를 수 있는 준비가 이미 다 갖추어져 있는 셈이다. 그에게 불사의 문은 지금도 여전히 활짝 열려 있다.

━━━ **저자 소개**

프란시스 스토리 (아나가리까 수가따난다) (1919~1971)

영국 출신. 런던대학에서 의학을 전공하다 광학 연구로 전환. 비교종교학 공부 도중 16세에 발심, 불교에 귀의. 2차 대전에 인도에서 군 복무 중 사르나트를 방문, 마하보디 협회와 연관 맺음. 아내의 갑작스런 죽음을 계기로 종교생활에 전념하기 시작, 상가라타나 장로로부터 '프리야달시 수가따난다'라는 법명을 받고 재가 수행자가 됨. 1954년 미얀마 양곤에서 불자협회 설립, 회장으로 활약하다 건강 때문에 스리랑카로 옮김. 골수암으로 투병하다 영국으로 돌아와 투병생활 끝에 1971년 4월 26일 임종을 맞음. 정신을 끝까지 맑게 유지하려고 일체 약의 복용을 거부하며 정념을 챙기는 가운데 숨을 거둠.

〈고요한소리〉에서 이미 번역 출간한 그의 저작으로는 보리수잎·여섯 《불교의 명상》; 보리수잎·열셋 《불교와 과학, 불교의 매력》; 보리수잎·스물다섯 《큰 합리주의》가 있음.

─── 〈고요한소리〉는

◦ 붓다의 불교, 붓다 당신의 불교를 발굴, 궁구, 실천, 선양하는 것을 목적으로 설립되었습니다.

◦〈고요한소리〉회주 활성스님의 법문을 '소리' 문고로 엮어 발행하고 있습니다.

◦ 1987년 창립 이래 스리랑카의 불자출판협회BPS에서 간행한 훌륭한 불서 및 논문들을 국내에 번역 소개하고 있습니다.

◦ 이 작은 책자는 근본불교를 중심으로 불교철학·심리학·수행법 등 실생활과 연관된 다양한 분야의 문제를 다루는 연간물連刊物입니다. 이 책들은 실천불교의 진수로서, 불법을 가깝게 하려는 분이나 좀 더 깊이 수행해보고자 하는 분에게 많은 도움이 될 것입니다.

◦ 이 책의 출판 비용은 뜻을 같이하는 회원들이 보내주시는 회비로 충당되며, 판매 비용은 전액 빠알리 경전의 역경과 그 준비 사업을 위한 기금으로 적립됩니다. 출판 비용과 기금 조성에 도움 주신 회원님들께 감사드리며 〈고요한소리〉모임에 새로이 동참하실 회원을 기다리고 있습니다.

◦〈고요한소리〉책은 고요한소리 유튜브(https://www.youtube.com/c/고요한소리)와 리디북스RIDIBOOKS를 통해 들으실 수 있습니다.

◦ 카카오톡 채널(https://pf.kakao.com/_XIvCK)을 친구 등록 하시면 고요한편지 등 〈고요한소리〉의 다양한 소식을 받으실 수 있습니다.

◦〈고요한소리〉홈페이지 안내
  - 한글 : http://www.calmvoice.org/
  - 영문 : http://www.calmvoice.org/eng/

◦ 〈고요한소리〉 회원으로 가입하시려면 이름, 전화번호, 우편물 받을 주소, e-mail 주소를 〈고요한소리〉 서울 사무실에 알려주십시오. (전화: 02-739-6328, 02-725-3408)

◦ 회원에게는 〈고요한소리〉에서 출간하는 도서를 보내드리고, 법회나 모임·행사 등 활동 소식을 전해드립니다.

◦ 회비, 후원금, 책값 등을 보내실 계좌는 아래와 같습니다.

국민은행	006-01-0689-346
우리은행	004-007718-01-001
농협	032-01-175056
우체국	010579-01-002831
예금주	**(사)고요한소리**

마음을 맑게 하는 〈고요한소리〉 도서

금구의 말씀 시리즈

하나	염신경念身經
둘	초전법륜경初轉法輪經

소리 시리즈

하나	지식과 지혜
둘	소리 빗질, 마음 빗질
셋	불교의 시작과 끝, 사성제 – 四聖諦의 짜임새
넷	지금·여기 챙기기
다섯	연기법으로 짓는 복 농사
여섯	참선과 중도
일곱	참선과 팔정도
여덟	중도, 이 시대의 길
아홉	오계와 팔정도
열	과학과 불법의 융합
열하나	부처님 생애 이야기
열둘	진·선·미와 탐·진·치
열셋	우리 시대의 삼보三寶
열넷	시간관과 현대의 고苦 – 시간관이 다르면 고苦의 질도 다르다
열다섯	담마와 아비담마 – 종교 얘기를 곁들여서
열여섯	인도 여행으로 본 계·정·혜
열일곱	일상생활과 불교공부

열여덟	의意를 가진 존재, 사람 - 불교의 인간관
열아홉	바른 견해란 무엇인가 - 정견正見
스물	활성 스님, 이 시대 불교를 말하다
스물하나	빠알리 경, 우리의 의지처
스물둘	윤회고輪廻苦를 벗는 길 - 어느 49재 법문
스물셋	윤리와 도덕 / 코로나 사태를 어떻게 볼 것인가
스물넷	산냐[想]에서 빤냐般若로 - 범부의 세계에서 지혜의 세계로
스물다섯	상카아라行와 담마法 - 부처님 가르침의 두 축
스물여섯	팔정도八正道 다시 보기

법륜 시리즈

하나	부처님, 그분 - 생애와 가르침
둘	구도의 마음, 자유 - 까알라아마경
셋	다르마빨라 - 불교중흥의 기수
넷	존재의 세 가지 속성 - 삼법인(무상·고·무아)
다섯	한 발은 풍진 속에 둔 채 - 현대인을 위한 불교의 가르침
여섯	옛 이야기 - 빠알리 주석서에서 모음
일곱	마음, 과연 무엇인가 - 불교의 심리학적 측면
여덟	자비관
아홉	다섯 가지 장애와 그 극복 방법
열	보시
열하나	죽음은 두려운 것인가
열둘	염수경 - 상응부 느낌편

열셋	우리는 어떤 과정을 통하여 다시 태어나는가 - 재생에 대한 아비담마적 해석
열넷	사아리뿟따 이야기
열다섯	불교의 초석, 사성제
열여섯	칠각지
열일곱	불교 - 과학시대의 종교
열여덟	팔정도
열아홉	마아라의 편지
스물	생태위기 - 그 해법에 대한 불교적 모색
스물하나	미래를 직시하며
스물둘	연기緣起
스물셋	불교와 기독교 - 긍정적 접근
스물넷	마음챙김의 힘

보리수잎 시리즈

하나	영원한 올챙이
둘	마음 길들이기
셋	세상에 무거운 짐, 삼독심
넷	새 시대인가, 말세인가 / 인과와 도덕적 책임
다섯	거룩한 마음가짐 - 사무량심
여섯	불교의 명상
일곱	미래의 종교, 불교
여덟	불교 이해의 정正과 사邪
아홉	관법 수행의 첫 걸음
열	업에서 헤어나는 길

열하나	띳사 스님과의 대화
열둘	어린이들에게 불교를 어떻게 가르칠 것인가 (절판)
열셋	불교와 과학 / 불교의 매력
열넷	물소를 닮는 마음
열다섯	참 고향은 어디인가
열여섯	무아의 명상
열일곱	수행자의 길
열여덟	현대인과 불교명상
열아홉	자유의 맛
스물	삶을 대하는 태도들
스물하나	업과 윤회
스물둘	성지 순례의 길에서
스물셋	두려움과 슬픔을 느낄 때
스물넷	정근精勤
스물다섯	큰 합리주의
스물여섯	오계와 현대사회
스물일곱	경전에 나오는 비유담 몇 토막
스물여덟	불교 이해의 첫 걸음 / 불교와 대중
스물아홉	이 시대의 중도
서른	고뇌에 어떻게 대응할 것인가
서른하나	빈 강변에서 홀로 부처를 만나다
서른둘	병상의 당신에게 감로수를 드립니다
서른셋	해탈의 이정표
서른넷	명상의 열매 / 마음챙김과 알아차림
서른다섯	불자의 참모습
서른여섯	사후세계의 갈림길

서른일곱	왜 불교인가
서른여덟	참된 길동무
서른아홉	스스로 만든 감옥
마흔	행선의 효험
마흔하나	동서양의 윤회관
마흔둘	부처님이 세운 법의 도시 - 밀린다왕문경 제5장
마흔셋	슬픔의 뒤안길에서 만나는 기쁨
마흔넷	출가의 길
마흔다섯	불교와 합리주의
마흔여섯	학문의 세계와 윤회
마흔일곱	부처님의 실용적 가르침
마흔여덟	법의 도전 / 재가불자를 위한 이정표
마흔아홉	원숭이 덫 이야기
쉰	불제자의 칠보七寶

붓다의 고귀한 길 따라 시리즈

하나	불법의 대들보, 마음챙김 *sati*

단행본

하나	붓다의 말씀
둘	붓다의 일생

This translation was possible
by the courtesy of the Buddhist Publication Society
54, Sangharaja Mawatha P.O. BOX61
Kandy, SriLanka

법륜 · 열다섯

불교의 초석 – 사성제

초판 1쇄 발행   1988년 4월 10일
2판 8쇄 발행   2023년 11월 15일

지은이   프란시스 스토리
옮긴이   재연 스님
펴낸이   하주락·변영섭
펴낸곳   (사)고요한소리

등록번호 제1-879호 1989. 2. 18.
주소   서울시 종로구 인사동길 47-5 (우 03145)
연락처   전화 02-739-6328 팩스 02-723-9804
          부산지부 051-513-6650   대구지부 053-755-6035
          대전지부 042-488-1689 광주지부 02-725-3408
홈페이지 www.calmvoice.org
이메일   calmvs@hanmail.net
ISBN   978-89-85186-65-0

값 1,000원